CASPER VAN KOPPENHAGEN

IK HAD JE GEDACHT MIJN KIND

W0352959

Klapwijk & Keijsers Uitgevers | Amersfoort

Eerste druk: september 2015
Copyright © 2015 Klapwijk & Keijsers Uitgevers /
Casper van Koppenhagen / Laura Soudijn

Niets uit deze uitgave mag worden verveelvoudigd en/of openbaar gemaakt, door middel van druk, fotokopie, microfilm of op welke andere wijze ook, zonder voorafgaande schriftelijke toestemming van de uitgever.

Foto cover:
Kees van Koppenhagen

Foto achterkant:
Marieke Bosgoed Fotografie, www.mariekebosgoed.com

Omslagontwerp en vormgeving:
Zinnenprikkelend, Amersfoort
www.zinnenprikkelend.com

Redactie:
Diederik Samwel / Gerard Keijsers

Uitgever:
Klapwijk & Keijsers Uitgevers, Amersfoort
www.klapwijkenkeijsers.nl

ISBN 9789490217655

Voor Lennard en Simon
Even
Maar voor altijd bestaan

Voorwoord

Dit boek is een ode aan Lennard, aan Simon en aan de liefde. Onze liefde. Voor elkaar en voor het leven.

Ooit begon het als uitlaatklep, in het ziekenhuis en daarna thuis. Vanwege mijn rugklachten schreef ik staand, op de commode die mijn vader voor Lennard had gemaakt. Al gauw groeide de behoefte om dat wat ik schreef te delen met mijn familie en vrienden. En met professionals uit de zorg. Maar vooral met mensen die soortgelijke ervaringen hebben doorstaan, of daar nog middenin zitten.

Therapeutisch heeft dit manuscript zijn waarde allang bewezen. Niet alleen tijdens het schrijven in moeilijke periodes, maar ook daarna, bij het herlezen en redigeren van de tekst. Ik heb de verwerking en acceptatie van mijn verdriet op meerdere manieren onderzocht, maar het schrijven was altijd een optie: direct en haast automatisch.

Daarnaast ondervond ik in de periode van ons verdriet en lang daarna veel steun aan verhalen over soortgelijke situaties. Maar ingewikkeld blijft het. Hoe relativeer je het allemaal? Hoe moet je omgaan met depressieve gevoelens, met elkaar en met de verschillende fases in het rouwproces? Laura en ik gingen daarin soms gelijk op, maar vaak ook helemaal niet.

En hoe moet je omgaan met je omgeving? Het empathisch vermogen van de mensen wisselt nogal, weet ik inmiddels uit ervaring. De wereld raast door en staat niet stil bij mijn en ons verdriet. Door erover te lezen vond ik steun en houvast voor de dag van vandaag, maar ook die van morgen. Soms bracht het een heel groot goed: nieuw inzicht. Bij het schrijven gebeurde dat eigenlijk nog vaker.

Een tijd heeft dit manuscript als een klein bommetje onder onze relatie gelegen. Dat lag voor een groot deel aan mijn onbegrip over de ogenschijnlijke onwil van Laura om mijn manuscript nou eens door te lezen en waar nodig aan te vullen. Pas in 2014 begreep ik waarom Laura dat niet deed. Het was niet omdat ze het niet wilde; het lukte haar eenvoudig niet. Pas toen Laura mij *haar* dagboek liet lezen, begreep ik wat haar al die jaren had tegengehouden. Het verdriet en de pijn van de vrouw waar ik zielsveel van houd, greep me bij de keel toen ik haar verhaal las. Een vreemde en met terugwerkende kracht verpletterende gewaarwording, want ik was er zelf bij, dacht ik. Toch, in nuances is haar verhaal niet mijn verhaal.

Daarna legden we onze verhalen naast elkaar: mijn manuscript naast de aantekeningen uit Laura's dagboek. We hebben elkaars pijn gezien en elkaars verdriet gelezen. En met Laura's ervaringen ligt er een veel completer boek dan ik ooit zou kunnen schrijven. Mijn pijn is jouw pijn; maar niet altijd en overal.

Nu in 2015, elf jaar na het overlijden van Lennard, tien jaar na het verlies van Simon en zeven jaar na het afscheid van onze kinderwens, likken we nog met grote regelmaat onze wonden. Of die uiteindelijk zijn geheeld? Soms vertonen ze een korstje en voor je het weet is dat korstje opengekrabd. Soms beginnen ze op totaal onverwachte plaatsen en momenten weer te bloeden.

De stilte in ons leven is met regelmaat oorverdovend. Aan ons de taak die stilte te omarmen en jullie, Lennard en Simon, daar in te blijven vinden.

Samen staan we nog fier overeind bij het uitkomen van dit boek. We leven ons leven met passie en vrolijkheid, hebben een rijke sociale kring om ons heen, inclusief vele kinderen. We hebben zinvulling verkregen in ons werk en door te zijn wie we zijn. Laura en ik leven samen, dat vooral. En daar is niets vanzelfsprekends aan.

Lennard Floris van Koppenhagen

2 september 2004

Ik snel door de hoofdingang van het St. Radboud ziekenhuis naar buiten. Tranen schieten in mijn ogen; dat moet het felle zonlicht zijn. Meteen daaroverheen de hitte, een dreun van jewelste; vol in m'n gezicht.

Precies acht dagen geleden was ik voor het laatst buiten. Toen regende het en was het herfstig koud. Vandaag is het zomers warm. Het zweet breekt me uit in die veel te warme kleding. Het liefst zou ik ervandoor gaan. Weg van het ziekenhuis. Weg van al die witte jassen. De wijde wereld in. Wie zijn al die mensen die maar doen of het de normaalste dag van het jaar is? Wie zijn al die mensen die op weg zijn naar hun werk, het winkelcentrum of hun familie? Hallo, hallo daar? Weten jullie wel wat wij hebben moeten doorstaan? Weten jullie wel wat ik net heb gedaan? Twee uur geleden heb ik mijn zoon, Lennard Floris van Koppenhagen, gewassen en aangekleed. En hij is dood.

Uit het niets begin ik te rennen. Steeds harder. Ik knal van binnen uit elkaar en schreeuw hard zijn naam.

'Lennard, Lennard!'

Twee spelende jongens kijken om. Ik schrik van mezelf, maar blijf rennen. Ik lijk wel gek. Nee, ik bén gewoon gek. Gek van verdriet.

Mijn vader heeft onze auto voor het huis van vrienden gezet, dicht bij het ziekenhuis. Ik vertraag mijn pas en loop langs het huis van onze vrienden en kijk naar binnen. Gelukkig, niemand thuis. Die zijn aan het werk. In het St. Radboud, ook toevallig. Ik weet dat ze veel aan ons gedacht hebben, maar dat hun leven ook gewoon doorgaat. Ik zou het niet aankunnen om ze nu te zien. Denk ik. Maar ja, de grenzen van wat ik dacht aan te kunnen zijn deze week behoorlijk opgerekt. Half huilend stap ik in de auto. Mijn vingers trillen en met de grootste moeite krijg ik het sleuteltje in het contact.

Is het eigenlijk wel verantwoord om nu achter het stuur te kruipen? Ik denk het niet, maar doe het toch. Ik wil dit zelf oplossen. We hebben al zoveel uit handen gegeven. Ik parkeer de auto voor de hoofdingang en loop het ziekenhuis binnen. De houten olifant in de grote hal kijkt me indringend aan. Blijft raar, een stapeltje houten plankjes die je de weg wijzen in dit medische doolhof. Dank je vriend, wapper jij nog maar eens met die grote oren van je. Blaas nog één keer met je slurf.

Ik sla linksaf de lange gang in. Die verschrikkelijk lange, donkere en trieste gang. Overal mensen, patiënten, bezoekers, verpleegkundigen. Stuk voor stuk op weg naar dokters of afdelingen. Niemand komt hier voor zijn lol. Maar zien ze mijn pijn? Voelen ze mijn verdriet? Ik wil hier weg. En toch wil ik blijven.

Vanochtend hebben we ons eerst zelf gedoucht en aangekleed. Daarna was Lennard aan de beurt. Samen met zuster Sireen konden we hem in een speciaal kamertje wassen en aankleden. We hebben de dag ervoor speciale kleertjes laten meebrengen door mijn schoonmoeder. Zijn mooiste shirtje en zijn mooiste broekje. Hadden we samen uitgezocht voor zijn geboortedag. Lau kan het niet aan om Lennard te wassen. Ik wel. Geholpen door zuster Sireen was ik hem. Ik ben murw geslagen, schakel over op de automatische piloot, die lang niet zo automatisch is en moeizaam navigeert. Maar ik doe het wel en dat voelt goed. Hij verdient het. We wassen hem schoon, van top tot teen.

Hoe anders is het dan je verwacht? Ik lig niet te schreeuwen op bed of dingen stuk te slaan. Ik loop niet als een zombie door het ziekenhuis te dolen. Ik lig niet roerloos op de grond te huilen. Nee, ik doe gewoon wat ik moet doen. Mijn zoon verzorgen tot het einde. We wegen en meten hem. Normale afmetingen. Maar wat is normaal? Lennard is eigenlijk heel normaal. Hij ligt er in elk geval heel normaal bij. Behalve dan dat hij niet beweegt.

Als we hem hebben aangekleed maken we nog wat foto's van hem in onze armen. Dan komt het moment dat we hem echt achter moeten laten. Voor de obductie, omdat we graag duidelijkheid over het syndroom krijgen. Niet voor Lennard; hem kunnen we niet meer helpen. Hij heeft er niets meer aan, maar zijn broertje of zijn zusje misschien wel. Want we willen graag door; zo zitten we nu eenmaal in elkaar. Liever vandaag nog dan morgen.

Maar eerst moeten we hier weg. We groeten de olifant in de hal. Het verhaaltje is uit.

LAURA

Cas heeft Lennard gewogen, gemeten en gewassen. Met zuster Sireen heeft hij hand- en voetafdrukjes van Lennard gemaakt. Daarna hebben ze zijn lijfje helemaal ingesmeerd met Zwitsal, hem een luier omgedaan en aangekleed. Ik heb Lennard nog een hele tijd vastgehouden. Dat had van mij veel langer mogen duren. Cas heeft hem ook nog een tijdje in zijn armen gehad. Fantastisch om te zien; de twee mooiste mannen van de wereld. Daarna hebben we onze zoon in een mandje gelegd.

Onze spulletjes zijn gepakt. Raar om onze kamer te verlaten: het voelt zo dubbel. Maar er zit niets anders op: we gaan naar huis.

We moeten afscheid nemen van het ziekenhuis, ons baken van de laatste week. Afscheid van ons kamertje op de zevende verdieping, afdeling verloskunde. Gelukkig heeft zuster Saskia dienst; de liefste van allemaal. Ze vindt ons geweldig dapper en geeft complimenten. Bij de deur draaien we ons nog een keer om. 'Dag kamer', mompelt Lau. Zuster Saskia gaat ons voor naar buiten, ik duw Laura er in haar rolstoel achteraan. Saskia pakt ons één voor één stevig vast en zegt nog een paar bemoedigende woorden. Terwijl ik gas geef, zie ik hoe ze een zakdoekje pakt.

Thuis

In een verzengende stilte rijden we naar ons huis in Arnhem. Geen idee of ik eigenlijk wel een stuur in handen heb, het gaspedaal weet te vinden, op het verkeer let en de juiste afslagen neem, maar we komen er. Onderweg zeggen we niet veel. Volgens mij zeggen we zelfs geen woord. Terwijl we elkaar de hele week zoveel te vertellen hadden.

Het einde van een achtbaan. De riemen gaan los en we schudden verdwaasd ons hoofd. Het is over. Het huis wacht op Lennard. Het huis is klaar. De kamer op orde. De bloemen vers. De kleren fris. Alles gereed voor een baby. Alles gereed voor Lennard. Hier waren we vorige week nog zonder zorgen. Ja, zorgen over hoe het zou gaan. Of we die verantwoordelijkheid wel aan zouden kunnen. Nu staan we met lege handen.

Verdoofd lopen we door de straat. Buiten werken bouwvakkers gewoon door. Logisch, de bouw moet af. Het huis in, de trap naar boven. De stilte zwelt aan. Er liggen stapels kaarten, er staan bloemen van vrienden en familie, ik zie kleine cadeautjes. We maken er een paar open. Een kleurig fleece dekentje van een vriendin, zo bijzonder. We gaan op bed liggen en vallen onder het dekentje huilend in slaap. Als ik wakker word is er weer dat onrustige, onzekere gevoel. Was het toch een droom? Lau ligt naast me en ik zie haar platte buik.

Hoe kan ik iemand die hier nooit was toch missen? Hoe kan iemand die hier nooit was toch aanwezig zijn? Je liep hier nooit rond, je kraaide niet, zette geen stapjes, viel je hier geen buil. En toch: je was hier, je hoort hier. Niet in dat kille, steriele ziekenhuis, maar hier bij ons in het warme en gespreide bedje. Hier had je groot moeten worden en uit je wiegje moeten groeien.

De moeders hebben het huis opgeruimd. Brood in de broodtrommel, melk in de koelkast. Vorige week zat ik hier nog met een kop thee. Vol in het leven, gepassioneerd, energiek, in blijde verwachting.

Die ene week met Lennard, daar moeten we het mee doen. Een levenslange week.

LAURA

Thuis voelt het raar zonder Lennard. Het huis ademt hem terwijl hij er zelf niet is. Ik kan mijn draai niet vinden, alleen in bed voel ik me op mijn gemak. Veilig.

We zijn uit het ziekenhuis weggerukt en thuis neergekwakt. Ons lekkere huisje dat niks met Lennard te maken heeft. Alsof het allemaal een droom is geweest. Het zal de vermoeidheid zijn. We laten pizza komen, maar ik krijg geen hap door mijn keel. Om half tien geeft Cas mij een pilletje en vallen we in slaap. Om drie uur heb ik er nog een nodig. Daarna tot acht uur geslapen, heerlijk.

Een week eerder

Woensdag 25 augustus

Half drie 's middags. Ik zit op mijn onderzoekskamer in het revalidatiecentrum. Mijn pieper gaat en ik zie dat het een buitenlijn is: Lau.

'Ja, ik ga nu naar het ziekenhuis, nog even een check-up.'

'Hoezo, check-up?'

'Nou, ik voelde hem vandaag wat minder en dan zijn ze heel secuur.'

'Ik kom eraan.'

Ik loop naar mijn baas en vertel hem dat ik naar het ziekenhuis moet. Hij stelt me gerust, zoals je dat als baas hoort te doen op zo'n moment. Ik spring op de fiets en race in de stromende regen naar Rijnstate. Lau zit al in de wachtkamer. Ze voelt hem bewegen en voelt zich een tikje opgelaten omdat we er weer zo'n toestand van maken. Net als na zes weken zwangerschap, toen we halsoverkop naar de spoedeisende eerste hulp in Maastricht gingen toen ze een beetje bloedverlies had.

'Dijkhuizen,' zegt de gynaecoloog en geeft een hand met opgetrokken elleboog. Dat doen alleen heel nette mensen met professionele distantie. Tegelijkertijd stelt hij ons gerust, informeert naar bijzonderheden maar toont zich niet bezorgd: het gaat allemaal goed. Nog even een echo. Zie je wel: alles erop en eraan.

‘Kijk hij beweegt, voel je dat?’

‘Nee, dat voel ik niet.’

‘Dus hij beweegt óók als je het niet voelt.’

Dijkhuizen denkt dat het nog even duurt voor hij komt en besluit ten langen leste dat het toch verstandig is als we na het weekend terugkomen. En eerst nog een CTG (hartslagregistratie). We liggen op hetzelfde kamertje als tien weken geleden tijdens een controle. De CTG wordt aangelegd en ik zie het hartje kloppen op het scherm. Het fluctueert, maar niet spectaculair. Hij ligt vast te slapen. Na anderhalf uur komt de arts-assistent binnen. Dokter Zusterzeel. Zo’n naam vergeet je niet meer. Een kordate vrouw: pittig en beschaafd, met de juiste betrokkenheid. Ze stelt voor dat Lau nog een uur blijft liggen. Dan zal ze na haar overdracht nog even langswippen.

‘Ik maak me geen zorgen’, zegt ze, ‘maar ik heb nog te weinig fluctuatie gezien. Moeten we even in de gaten houden.’

Ik bel mijn achterwacht in het revalidatiecentrum op en draag mijn dienst aan hem over. Mijn collega klinkt geruststellend en opgetogen tegelijk: ‘Bereid je maar voor op het allermooiste. Bel me als je weer boven water bent.’

Dokter Zusterzeel komt terug en is niet tevreden. Er is te weinig variatie en er zijn lichte dipjes in Lennards hartslag. Als Lau harde buiken heeft, duikt zijn hartslagfrequentie een slag of 15 tot 20 per minuut. Dat kan betekenen dat hij een bevalling misschien niet aankan. En een harde buik is immers maar een fractie van een volledige wee.

Zusterzeel stelt Laura voor om de nacht in het ziekenhuis te blijven. Ze wil dezelfde avond nog een CTG maken en morgen een stresstest doen als proef voor een eventuele spontane bevalling. Ik ga naar huis om spullen te halen en bel nog snel even met Eduard, mijn schoonvader. Als ik hem de laatste stand van zaken doorgeef, doet hij zijn uiterste best om zo onbezorgd mogelijk te klinken. Ik weet wel beter. Toch bekijkt hij het positief: 'Als ze in het ziekenhuis is, krijgt ze in ieder geval die begeleide bevalling en pijnbestrijding.'

Terug in het ziekenhuis. De televisie staat aan; een programma met zogenaamd bekende Nederlanders die in een ver land de gekste toeren uithalen. Lau heeft contact gemaakt met haar Duitse buurvrouw in de andere kamer, ze delen hun zorgen. Om half negen gaat Lau weer aan de CTG. Hé, daar hebben we dokter Zusterzeel weer. Ze blijkt deze avond ook dienst te hebben. In een uur tijd heeft Lau een aantal harde buiken en iedere keer dipt Lennard met zijn hartslag.

'Nou, die stresstest hoeven we niet meer te doen: dat wordt een keizersnee', zegt Lau. Ze ziet geweldig op tegen de bevalling. Voor haarzelf, voor de pijn en nu zeker ook voor Lennard. Doodsbang dat hij het helemaal niet aan kan.

Zusterzeel komt terug en ik kan zien dat ze het steeds minder vertrouwt. We moeten naar een andere kamer voor de nacht. Een kamer met continue bewaking. Kil en steriel, niet dat je zegt ideaal om in te bevallen, maar er zit niets anders op.

'Morgen stresstest, in principe. Maar we bewaken jullie de hele nacht,'zegt Zusterzeel.

En tegen mij: 'Ik zou maar lekker thuis gaan slapen, want we hebben je morgen nog hard genoeg nodig. Wat er ook gebeurt, morgen hebben jullie een kindje, via een sectio of inleiding.'

Om elf uur doe ik mijn jas aan om naar huis te gaan en kijk nog een laatste keer naar de monitor. Beneden de honderd. Lau ziet het niet, maar ik weet genoeg: ik ga helemáál niet naar huis. Zusterzeel komt opnieuw de kamer binnen: 'Ik heb Dijkhuizen, de gynaecoloog, gebeld: we gaan jullie kindje nu halen. Beter een blakend kindje nu, dan een verzwakte baby morgen.'

Geboorte

We hebben geen tijd meer voor elkaar, het gaat nu gebeuren. Lau is volledig rustig, vertrouwt volkomen op zichzelf, op Lennard en op dokter Dijkhuizen. Camera mee, op naar de OK waar het volle bak is. Ik doe een overall aan en een petje op. Ze zeggen dat ik bleek wegtrek, maar dat valt reuze mee, vind ik zelf. Trust me, I'm a doctor. Voor de zekerheid ga ik toch maar even zitten. Lau en ik kletsen over van alles en nog wat. Ik probeer haar te steunen. Ze is vol vertrouwen, in trance, lijkt het. Dijkhuizen komt binnen. Dit had-ie niet verwacht. Althans, dat hoor ik hem zeggen.

'Laten we hem maar snel gaan halen.'

De incisie is gezet en Laura's buik ligt open. Lennard ligt vast. Een OK-zuster drukt met volle kracht op Laura's buik. Geduw en getrek. De stemmen in de OK worden strakker en steeds luider. Hij komt eraan. Hebbes! Lennard is blauw en geeft geen geluid. Dijkhuizen geeft hem over aan een zuster. Ik zeg tegen Lau dat-ie er is en loop mee met Lennard. Vier man staan rond zijn bedje. Er wordt druk gepraat en overlegd. De arts-assistent kindergeneeskunde heeft de leiding. Zij is jong, maar kordaat. Er komt zuurstof en hartmassage. Geklop op handjes en voetjes. Ik hoor niets, nog geen kreetje.

'Kom op knul, zet 'm op! Laat je horen, schreeuw het maar uit!'

Dan komt-ie, langzaam, maar duidelijk. Lennard is er. Mijn zoon: hij doet het! Hij kreunt en begint te huilen. Op hetzelfde moment zie ik hem duidelijk kleur krijgen.

'Hypospadie', hoor ik iemand zeggen.

Wat zeg je? Waarom zeg je dat? Wie doet nou zoiets? Zeker vergeten dat ik arts ben. Ik word er bijna boos van. Ik kijk naar Lennard en zie een kleine piemel. Verdomme, ze hebben nog gelijk ook. Hypospadie. Hoe zal dat gaan? Onder de douche bij het voetballen? Met vriendinnetjes? Ach, misschien valt het mee.

Shit man! Is zijn hoofd niet een beetje groot? En die oren, die staan nogal laag zo te zien. Is er ook iets met zijn tenen aan de hand? Syndactylie, schiet er door mijn hoofd. Beiderzijds. Plotseling kan ik het niet meer volgen allemaal. Pappa geniet, dokter vreest. Ik loop terug naar Lau. Verdoofd.

'Lennard heet-ie. Lennard van Koppenhagen.'

Ik zeg het tegen iedereen, maar tegen niemand in het bijzonder. Hij moet naar de couveuse. Ik moet kiezen, mee of bij Lau blijven. Dat is helemaal geen keuze: ik móet met Lennard mee.

'Lau, het komt goed, hij heeft even een moeilijke start maar hij komt erdoor. Het is achter de rug. Tot straks, lief.' We zoenen en knuffelen heel kort. Dijkhuizen is de wond aan het sluiten. Mijn hemel, haar hele buik ligt nog open. Dat zou ik bijna vergeten! Ik loop weg, al heb ik geen flauw idee welke kant ik op moet. Op de gang zie ik Laura's zus die het thuis niet meer uithield. Veel kan ik haar niet vertellen, behalve dat Lennard ('zo heet-ie!') het moeilijk heeft. Maar nu moet ik als de bliksem door, mijn zoon achterna.

Ik kom op de verkoeverkamer waar de rust neerdaalt. Ik word opgevangen door een rustige broeder en een aardige zuster. De arts-assistent kindergeneeskunde komt ook binnen. Ze kijkt serieus. Ze staat aan zijn bedje, kijkt, luistert en voelt. Dan begint ze te praten. Heel even heb ik de neiging om niet naar haar te luisteren:

'Ik denk maar even hardop, maar hij heeft wat afwijkingen.'

'Ik zie het ook, eh..., maar even voor de goede orde: ik ben arts.'

'OK, nou zoals je ziet zijn er afwijkingen aan zijn penis, zijn oren, zijn voorhoofd en zijn tenen. Ik weet niet wat dit betekent, misschien betekent het niets, dat zal in de loop van de tijd pas duidelijk worden. Eerst moet hij op krachten komen, want hij lijkt het toch wel moeilijk te hebben gehad. En hij heeft een lastige start. We hebben hem moeten reanimeren.'

'Dat heb ik gezien, ja.'

'Straks komt de kinderarts. Ik heb hem net gebeld.'

In een ziekenhuis laat de tijd zich overal gelden. Op elke gang, kamer of doorloop hangt wel ergens een klok aan de muur. Tien voor half één 's nachts. Er schiet van alles door mijn hoofd. De werkelijkheid van Lennard is tastbaar. 'Kom op knul, doe je best.' En meteen die zorgen wat er met hem aan de hand is. Het is meer dan alleen zijn uiterlijk. Uiterlijke afwijkingen wijzen op innerlijke afwijkingen. Maar hij beweegt en hij kreunt. Zachtjes weliswaar, maar hij kreunt.

Dat voelt goed. Verdorie jongens, hij leeft hoor, die zoon van mij!

En hij heet Lennard. Lennard Floris van Koppenhagen.

En ik ben zijn vader.

Lennard lijkt wat rustiger te worden. Daar word ik zelf ook een stuk rustiger van.

'Lennard, mooie naam. Van Koppenhagen, heb jij een zus die Karin heet?'

Een oudere broeder heeft nog met mijn zus gewerkt, pak 'm beet twintig jaar geleden. En even later blijkt ook nog dat hij met mijn schoonvader heeft gewerkt. De wereld is klein. En ik wil hem voorlopig zo klein mogelijk houden, want ik maak me zorgen. Daar is de kinderarts. Die bleek, hoorden we later, te eten bij goede vrienden van mijn schoonouders. Zoals gezegd, de wereld is klein.

Een bedachtzame en begripvolle dokter. Hij kijkt Lennard in alle rust na en zegt wat hij ziet. Precies wat de assistent en ik ook al hebben gezien.

'Je weet natuurlijk dat er dan waarschijnlijk ook van binnen afwijkingen zijn. Nu is hij rustig, maar in de loop van de tijd zal er wel het een en ander duidelijk worden. Voorlopig hoef ik nu, in de nacht, niet verder te zoeken. Laten we het afwachten. Zullen we naar boven lopen, naar je vrouw?'

Goed idee. Maar ik wil het haar zelf vertellen. Ik zie Laura's zus en moeder aan komen lopen. Ik kan wel door de grond zakken. We omhelzen elkaar. Ze moeten het aan me kunnen zien. Meteen zeg ik dat het niet helemaal goed is met Lennard, dat hij gereanimeerd is en waarschijnlijk wat afwijkingen heeft. Op het moment dat ik het zeg kijk ik schoonmoeder Anneke aan en zie de wereld wegdraaien.

Het volgende moment lees ik het hele verhaal in de ogen van Anneke. Ze zakt bijna door haar benen en gaat op een bankje zitten. Alexander, Laura's broertje. Gisteren was zijn geboorte en sterfdag, negenentwintig jaar geleden. Lau is nog met bloemen langs geweest. Het wordt steeds onwerkelijker allemaal.

Laura ligt op de verkoever en heeft net een shot morfine gekregen tegen de pijn. Haar stem komt van ver. Hortend en stotend vertel ik het verhaal. Het dringt niet helemaal tot haar door, lijkt het.

We gaan naar de Medium Care. Links en rechts zien we bedjes met baby's. Gezond en blakend, alleen nog iets te zwak om het helemaal op eigen kracht te doen. We zien Lennard die van de toeters en bellen wordt afgehaald en bij Lau wordt gelegd. Ze vindt het eerst eng, maar voelt zich snel op haar gemak als hij bij haar oor geluidjes begint te maken. Gevoelens vechten om voorrang. Hier ligt mijn vrouw, mijn grote liefde, met mijn zoon. Kijk, hoe mooi. Ik ben beretrots maar voel me tegelijkertijd bezorgd. Om Lennard. Om Lau.

Nooit zal de wereld meer hetzelfde zijn. Nooit ga ik meer onbezorgd door het leven. Ik voel de druk op mijn schouders. De druk van een familie, van een gezin, waar ik verantwoordelijk voor ben.

We rijden Lau naar haar eenpersoonskamer. Er staat een stretcher naast haar bed. Die stretcher is voor mij. Terwijl een lieve zuster Lau verzorgt kijk ik toe, in een soort trance. Ik kan mijn bezorgdheid nog niet met Lau delen. Denk ik. Ik had beter moeten weten:

'Het is niet goed, hè Cas? Het is niet goed.'

'Nou ik weet het niet hoor, hij ligt nu rustig te slapen, lijkt het.'

Ik laat Lau achter en ga weer terug.

'Ik kom voor Lennard, ik ben zijn vader.'

Hij ligt open en bloot in zijn bedje. Ik zie een slangetje in zijn neus, een infuusje in zijn arm, saturatiemeters en nog meer toeters en bellen. Maar geen couveuse. Dat is een goed teken. Lennard kreunt wat en lijkt last te hebben van de felle lampen boven het bedje. Hij krijgt een maskertje op tegen het licht. 'Wil papa hem even in de armen?' vraagt de verpleegkundige. En of ik dat wil! In al mijn bezorgdheid vergeet ik gewoon vadertje te spelen. Ik ontbloot mijn bovenlijf en krijg Lennard tegen me aan. Ik hou hem stevig vast en even wordt het stil. Doodstil. Dit is mijn zoon. Lennard Floris van Koppenhagen. Hij voelt stevig en lijkt beresterk. Die krijgen ze d'r niet zomaar onder!

Even later bel ik mijn vader en moeder uit bed. Wat vertel je aan je ouders, overbezorgd als ze natuurlijk zijn? Dat het niet helemaal goed gaat. Ik vraag of ze kunnen komen. Omdat ik niet weet hoe lang hij het volhoudt, maar dat laatste vertel ik er maar niet bij.

Mijn ouders houden zich groot, voor mij en voor zichzelf en genieten even als grootouders van het kleine mannetje.

Ze kunnen maar moeilijk afscheid nemen. Mijn vader gaat nog een keer terug, terwijl ik met mijn moeder mijn zorgen deel. Het lijkt allemaal nog niet tot haar door te dringen. Ze probeert me gerust te stellen en vertrouwen te geven. Maar dat hoeft niet. Misschien ben ik wel te snel met mijn conclusies. Misschien hebben ze gewoon heel veel vertrouwen in het ziekenhuis hier.

Het moet een uur of drie zijn als ik op de stretcher in slaap val. Hoeveel tranen kan een mens produceren? Na een uurtje schrik ik wakker. Ik moet plassen en loop meteen langs Lennard. Hij kreunt wat meer. Zijn bloed is afwijkend, vertelt de zuster. Wat dat betekent, weet ze niet. In de ochtend gaan ze opnieuw bloed prikken.

Om een uur of zeven ga ik weer bij Lennard kijken en de zuster vraagt of ik hem nog een keer wil buidelen. Ik trek mijn shirt en hemd uit en ga zitten. Lennard aan mijn borst, mijn zoon. Die laat ik niet meer los, nu niet, nooit meer. Zijn smakgeluidjes en nauwelijks hoorbare zuchtjes gaan tot in de diepste vezels van mijn lijf. Een handje glijdt langs mijn schouder en overal begint het te tintelen en te gloeien. De wereld om me heen valt weg. Al moet ik hard tegen mezelf roepen dat ik even niet bang hoef te zijn en moet genieten van het moment.

Lennard kroelt wat met zijn handje in mijn borsthaar. ‘Voel maar, ik ben je vader. We zijn er voor je. Blijven knokken, jongen.’

Om iets over achten komt een vrouwelijke dokter van rond de veertig onze kamer binnen. Ze heeft een prettig, open gezicht, is voorkomend en wekt meteen een aangenaam betrouwbare indruk. Behalve dan die uitdrukking op haar gezicht; die stelt me niet gerust. Doortastend is ze zeker: ‘Ik had u liever onder andere condities ontmoet, maar ik maak me zorgen om Lennard en vind dat we snel moeten handelen. Ik wil graag een echo maken, een ECG en nog wat extra bloed afnemen. Het spijt me, maar je zult hem even moeten afstaan.’

Ik geef Lennard over en zie twee kinderartsen die zich over hem heen buigen. Hij is in goede handen, dit ziet er professioneel uit. Toch worden mijn zorgen er niet minder op.

Ochtend

Ik loop terug naar de kamer, terug naar Lau. Ze ziet het aan mijn gezicht:

'Is het niet goed met Lennard, is 'ie dood?! Je bleef zo lang weg.'

'Lieverd, sorry, ik was aan het buidelen en de dokter heeft hem nu van me overgenomen. Ze maakt zich zorgen. Ze gaan hem nu eerst goed nakijken en dan komen ze voor een gesprek.'

Die mededeling lijkt Laura gek genoeg juist gerust te stellen. Zoals het haar altijd tot rust brengt als een dokter onderzoek doet. Dat brengt zekerheid, dan weet je tenminste wat er aan de hand is. Ik ben er nog allerminst gerust op, maar nog niet in staat dat te uiten. Ik fris me een beetje op en loop weer heen en weer tussen Lau en Lennard. Voorlopig mogen we niet bij hem.

Shit, ik moet mijn werk nog bellen dat ik niet kom! Zodra ik de stem van de secretaresse hoor, blijven de woorden ergens steken in mijn keel: 'Niet goed met kindje. Blijf in ziekenhuis. Onderzoek volgt. Neem wel weer contact op.'

Hoe goed bedoeld ook, de geruststellende reactie van de betrokken secretaresse komt keihard aan. Ineens besef ik waar het om gaat. Het gaat om mijn zoon. Het gaat om zijn leven. En dat gaat niet goed.

De dokter komt. Klein en kordaat, hockeytype. Ze beschrijft

wat er met Lennard aan de hand is. Veel van wat ze zegt dringt niet tot me door. Kennelijk bestaat er soms een levensgroot verschil tussen horen en luisteren. Tot Lau een hele serie vragen op de dokter afvuurt:

'Over welke kwaliteit van leven hebben we het hier, dokter? Moeten we nog wel alles uit de kast halen? Hij moet geen medisch object worden hoor!'

Ik schrik en kijk haar aan. Ik zie en voel bezorgdheid. In haar hoofd is het dus net zo snel gegaan als bij mij. Dat kan misschien ook niet anders want natuurlijk is Laura met haar gedachten ook bij Alexander, haar overleden broertje. De dokter wil ons geruststellen. Ze zegt dat we niet te hard van stapel moeten lopen en dat we eerst deze dag moeten afwachten. 'Lennard lijkt nu wat te stabiliseren. Maar als het niet goed met hem gaat, kan hij meteen naar het St. Radboud ziekenhuis.'

Die ochtend en middag komen mijn zusjes, onze ouders, Laura's zus en haar man. Een collega-revalidatiearts komt bijna binnengewandeld, maar ik kan haar net opvangen voor de deur. Heel lief dat ze komt, maar zelfs zij heeft geen flauw benul in wat voor wereld wij inmiddels terecht zijn gekomen. Die wereld bestaat uit niet meer dan de High Care Neonatologie en de kamer van Lau. En groter kunnen we hem absoluut niet maken. Hoe graag ik Lennard ook aan familie, vrienden en collega's wil laten zien, ik verdraag het niet als de wereld ook maar een klein beetje groter wordt dan de bedden van Lennard en Lau.

We zijn kapot. Op advies van de zuster doen Lau en ik 's middags een tukje. Even glijden we uit het harde bewustzijn en dromen we ons een weg uit het ziekenhuis. Als Lau's ouders aan het voeteneind verschijnen, hooguit een uurtje later, zijn we terug in de echte wereld. Meedogenloos. Ons verdriet is ook hun verdriet. En andersom. Ze proberen zich allebei staande te houden en zich zo goed mogelijk in onze situatie te verplaatsen. Tegelijkertijd weten Laura en ik dat ze al even meedogenloos worden ingehaald door hun eigen geschiedenis. Ze houden zich groot, maar zijn net als wij volledig uit het lood geslagen. Over Alexander wordt niet gesproken, maar des te nadrukkelijker zweeft hij door de ziekenhuiskamer.

Aanvankelijk lijkt Lennard inderdaad te stabiliseren, maar het zuurstofgehalte in zijn bloed daalt, waardoor hij zich extra moet inspannen. De hele dag worden bloedmetingen verricht en tussen de bedrijven door overleggen de kinderartsen en zusters met mij. Al is het kort en lijkt de ernst van de situatie nauwelijks tot me door te dringen.

De vrouwelijke kinderarts die Lennard vanochtend van mij heeft overgenomen, heeft de hele dag dienst en komt in de loop van de avond weer met ons praten. Ze wil Lennard toch naar de Neonatologie Intensive Care Unit (NICU) van het St. Radboud ziekenhuis overplaatsen. Daar kan hij aan de beademing met een beetje rustgevende medicatie zodat hij al zijn energie kan gebruiken om te overleven. We zijn bezorgd. Redt Lennard dat wel, zo'n reis? Toch vinden we dit de beste oplossing. Gek eigenlijk, hoe deze beslissing ons tegelijkertijd rust geeft.

Om negen uur 's avonds gaat Lennard in zijn eigen 'babylance'. Lau en ik erachteraan in een andere ambulance. Vlak voor we instappen gaan we nog één keer naar hem toe. We zijn bang voor de overtocht en willen hem nog een keer vasthouden, voelen, aanraken. Eenzaam vecht hij voor zijn leven. Hij voelt nog sterk, maar beweegt niet meer zo veel als vanochtend. De artsen denken dat hij een grote interne bloeding heeft, want hij heeft een heel laag bloedgehalte.

De dokter van het St. Radboud, die zich vóór de ambulancerit komt voorstellen, heet dokter Tim. Het lijkt me zo op het eerste oog een vriendelijke en integere vent, doortastend ook, want hij neemt direct de leiding over. Dat stelt ons gerust. We nemen afscheid van Lennard. Definitief afscheid? Dokter Tim verzekert ons dat dat niet het geval is. Ze leggen hem nu al aan de beademing zodat hij de reis beter kan doorstaan. We knikken eensgezind. Al zou ik het niet eens erg voor hem vinden als hij er onderweg stiekem tussenuit knijpt. Al spreek ik dat niet uit natuurlijk. Maar ik gun die arme jongen een zo veel beter leven dan er nu waarschijnlijk voor hem op de rol staat.

Onze ambulance rijdt over de Velperbinnensingel, langs ons huisje. Daar zaten we exact 36 uur geleden nog samen te ontbijten, waarna ik nietsvermoedend naar mijn werk ging en Lau wachtte op de dingen die komen gingen. De babykamer is fris en schoon, door vereende krachten van ouders en schoonouders in optima forma gebracht. Het zal toch niet voor niets zijn geweest? We worden er diep treurig van en vallen stil. Doodstil.

In het St. Radboud krijgen we thee van een blonde zuster. We moeten wachten tot Lennard volledig is geïnstalleerd voordat we naar hem toe kunnen. Dat kan wel even duren. We babbelen wat en vallen daarna allebei heel kort in slaap. Ik zit op een krukje en leun voorover op Lau's bed. De hernia stribbelt tegen, maar ik negeer de signalen.

Lennard ligt in een immense zaal vol prematuren op de Intensive Care. We zien het direct: hier hoort hij thuis. Lennard ligt stil en ademt rustig. Hij ligt er vredig bij, hoe gek dat ook klinkt. Geruststellend om te zien. We gingen immers naar het St. Radboud om hem rust te geven.

Dokter Tim komt naar ons toe. 'Jullie kunnen natuurlijk op je vingers natellen dat er meer aan de hand is.'

Fijne binnenkomer, dokter. Maar we omarmen iedere vorm van duidelijkheid. Hij had het zuurstofslangetje niet door de neus gekregen en verdenkt Lennard van een Choane atresie (een afwijking waarbij de neus achterin dicht is). Dat zou kunnen passen bij een syndroom. Voor het eerst horen we het woord syndroom. Tot nog toe had ik zeker gedachten in die richting, maar het komt veel harder aan nu een arts het met zoveel woorden zegt. Een syndroom maakt het nog veel onwaarschijnlijker dat het wel goed komt met Lennard.

We blijven nog even bij hem zitten. Buidelen zit er helaas niet in. Dat willen we ook niet, hij heeft zijn rust hard nodig. We gaan naar boven om wat slaap te krijgen. Al met al zijn we nu zo'n veertig uur in touw. Gesloopt zijn we, kapot gebeukt door het leven. Een tombola, een draaimolen, een achtbaan. Bij elke bocht een nieuwe verrassing. Wat staat ons nog meer te wachten? We kruipen tegen elkaar aan in Laura's bed, maar ik val uiteindelijk pas in slaap op mijn stretcher.

LAURA

Lennard ligt bij mij, dat voelt fijn om hem dichtbij te hebben. Om negen uur 's avonds besluit de kinderarts (blond, lang, rustige en zachte stem) om Lennard naar Nijmegen te sturen.

Dan gaat alles snel. We moeten voor even afscheid nemen van onze zoon. Ik ben bang dat hij de tocht niet zal overleven. De kinderarts zegt dat ik me daar niet ongerust over hoef te maken. Toch voelt het afscheid moeilijk en zwaar. Op de kamer in Nijmegen moeten we wennen, zo vertrouwd was onze kamer al in Rijnstate.

Om één uur 's nachts zijn we naar ons mannetje geweest. We zien meteen dat hij hier veel rustiger is. Gelukkig maar. Dokter Tim begrijpt ons en ook dat geeft rust. Cas mag in het St. Radboud ook bij mij blijven slapen. Om half drie vinden we een briefje van een vriend die om de hoek woont: we mogen hem altijd bellen, hij is toch wakker…, de schat.

Lennard mag niet lijden, ik wil dat hij verlost wordt van zijn pijn. Terwijl we ons over zijn bedje buigen vertel ik tegen de zuster dat je zoiets toch eigenlijk niet kan denken of zeggen als het om je eigen kind gaat. Dat is echte moederliefde, zegt ze. Da's waar ook: ik ben moeder geworden.

Vrijdag 27 augustus

Drie uur later worden we huilend wakker. Weer beseffen we dat het geen boze droom is. Dat we hier daadwerkelijk liggen op een kamertje op de zevende verdieping van dit immense ziekenhuis. En dat onze zoon Lennard beneden ligt te knokken voor wat hij waard is.

De nachtzuster regelt dat we met bed en al naar de afdeling neonatologie gaan. Lennard ligt lekker te slapen en de verpleegkundige legt hem op Laura's borst. Dat voelt goed. Het is ook het enige dat we hem kunnen bieden. Warmte en troost. Steun en aandacht. Daar moeten we het mee doen. De échte zorg voor onze zoon hebben we uit handen moeten geven.

Na een uur gaan we terug, proberen nog wat te slapen, maar meer dan een beetje soezen zit er niet in. Veel zeggen we niet maar onze gedachten schieten alle kanten op. We willen alweer terug naar beneden, terug naar die jongen, onze zoon.

Ik ga douchen. Lau wordt uit bed geholpen en kan zich bij de wastafel wassen. Heerlijk om even met alledaagse zaken als wassen en aankleden bezig te zijn. De wereld ziet er meteen heel anders uit. Die ochtend buidelen we Lennard allebei nog een keer.

Er wordt op de deur geklopt en kinderarts Liem komt binnen. Hij is neonatoloog en heeft de verantwoordelijkheid over de zorg van Lennard. Hij geeft ons meteen de indruk de zaak volledig onder controle te hebben. Wat hij alleen niet kan beïnvloeden, is de mogelijkheid van het maken van een

MRI-scan. Dat kan waarschijnlijk pas na het weekend. Wel heeft hij al een echo van zijn hoofdje gemaakt en Lennard een soort continu-EEG op zijn hoofd geplakt. Dokter Liem vermoedt dat sprake is van een grote bloeding in de hersenen en dat er daarnaast mogelijk een forse aanlegstoornis in het brein is. Hij spreekt van een mogelijke diepe zwakzinnigheid. Eigenlijk laat hij geen andere opties open: hij weet het zeker.

Die dag hebben we nog twee gesprekken met dokter Liem, waarbij de laatste het heftigst is. Daarin vertellen we hem dat Laura een broertje, Alexander, heeft gehad dat vlak na zijn geboorte in 1975 is overleden. Dokter Liem duikt meteen de boeken in, overlegt met de mensen van Klinische Genetica en komt even later terug met twee opties: Het CHARGE-syndroom of het Smith-Lemli-Opitz (SLO) syndroom.

De arts is er in elk geval van overtuigd dat Lennard een syndroom heeft. Hij zal chromosomaal onderzoek laten verrichten en wil zeker die MRI-scan laten doen. Hij heeft dit weekend dienst en zal de komende dagen gebruiken om Lennard te leren kennen. En hij stelt ons voor dit ook te doen, Lennard te leren kennen. Dokter Liem is erg overtuigend, ook als Lau hem directe vragen stelt als:

'Wat wordt zijn kwaliteit van leven?'

'Wordt hij nu een medisch object?'

'Kunt u ervoor zorgen dat Lennard geen pijn lijdt?'

Dokter Liem stelt drie dingen voor: geen operatie, niet reanimeren en rustgevende pijnstilling indien nodig, in ieder geval in het weekend.

Daar kunnen ons helemaal in vinden, hoe gek dat ook klinkt, want allemachtig, we snijden wel veel kanalen af met deze afspraken!

LAURA

In het gesprek met dokter Liem geef ik aan dat wij geen hoop hebben op een goede afloop. Ik wil niet dat Lennard een wetenschappelijk project wordt. Evenmin dat hij langer in leven wordt gehouden dan nodig is voor onderzoek. Dokter Liem legt overtuigend uit dat hij zulke beslissingen pas kan nemen als hij alle informatie heeft en veel meer weet over de prognose. Zodat we niet achteraf spijt krijgen of vraagtekens houden. Dat voelt uiteindelijk goed.

Veel onderzoeken voor Lennard vandaag. Ik wist niet dat er zoveel verschillende kinderartsen waren, overal hebben ze wel een specialist voor. Dokter Liem lijkt me een intelligente en rustige arts, we hebben alle vertrouwen in hem.

Het tweede gesprek met Liem is duidelijk en voelt niet als een slechtnieuwsgesprek. Al is er weinig tot geen goed nieuws (hé, zijn longen doen het goed!). Maar daar zijn we na woensdagmiddag al bijna aan gewend, alleen maar slecht nieuws. Hierna met bed en al naar Lennard. Hij ligt bij mij een tijdje op de borst, dat voelt heerlijk. Wel een beetje eng, ik vraag me de hele tijd af of dit soort tripjes niet te zwaar voor hem zijn. De zusters verzekeren mij van niet en zeggen dat het juist goed is.

Vandaag begonnen met kolven en dat gaat goed. Ik word er zelfs een beetje trots van, al is het de vraag of Lennard het ooit zal drinken. Met dit scenario hadden we geen rekening gehouden. We worden geleefd en zitten in een achtbaan. We weten hoe die eindigt.

Het tafereel van Lau met het kolfapparaat maakt me intens verdrietig. Ik bedenk dat we nog allerlei mensen moeten bellen. Alsof het vanzelf spreekt, toets ik het nummer van mijn baas in. Die klinkt opgetogen dat ik contact met hem opneem. Hij heeft alleen geen idee hoeveel moeite en kracht het mij kost om onder woorden te brengen wat er aan de hand is. Het volgende moment draai ik het nummer van een vriendin uit Arnhem. Na een paar woorden krijg ik het idee dat ik volledig uit de bocht vlieg. Een andere vriendin belt spontaan en ik neem op. Ze wil me nog even spreken voor ze op vakantie gaat. Nee, leuk nieuws heb ik niet. Even later ga ik compleet onderuit.

Kort daarna neemt zuster Saskia mij apart. Doordringende blik, streng bijna. ‘Luister, zo gaat het niet. Hier heb jij de energie helemaal niet voor. Denk nu alleen aan jezelf, aan Laura en Lennard. Die zijn nu het belangrijkst. Hoe raar het klinkt, de rest doet er even niet toe. Dat komt wel weer een keer.’

‘Ja, maar...’

‘Niks ja maar. Cancellen die handel.’

‘Maar mijn schoonzus, mijn zus en mijn ouders en…’

‘Niets mee te maken.’

Mijn schemaatje voor de volgende dag gaat de prullenbak in. Een uur later komen enkele goede vrienden langs en kom ik er meteen achter dat zuster Saskia groot gelijk heeft. In plaats van steun te kunnen geven, breekt een van hen. Dat kan ik er nu even niet bij hebben. Een rare gewaarwording: wij kunnen toch immers alles aan? Maar dit is groter dan alles, dit reikt verder. We moeten overleven. Met zijn drietjes welteverstaan.

In het weekend gaat al onze aandacht uit naar Lennard. Dat werkt. We genieten van het buidelen, we springen in de bres als een dokter iets wil veranderen. We willen alles weten en sturen zodoende het proces.

‘Geen morfine, daar komt hij moeilijk van af’, zegt een jonge assistent op zaterdagavond. Ik kijk hem eens goed aan. Hij lijkt mij erg onervaren en ik weet het hele dossier uit mijn hoofd. Als arts en omdat ik er toevallig vanaf het allereerste moment bij ben: ‘Luister dokter, mijn vrouw en ik denken niet dat morfine het probleem is. Wij gaan er niet van uit dat hij hier ooit vandaan komt en wat wij willen is dat hij geen pijn hoeft te lijden. Zo hebben we dat afgesproken met dokter Liem. Bel hem gerust even. Hij heeft toch achterwacht?’

Raar om vader en dokter tegelijk te zijn, maar het geeft me wel even het gevoel dat ik de situatie onder controle heb. Terwijl die verder absoluut ontbreekt. Tss, hoe moeten al die andere ouders zich wel niet voelen? Zonder medische kennis kun je niet meedenken met artsen, laat staan dat je hun beslissingen in twijfel kunt trekken of een weerwoord durft te geven.

Lennard heeft het niet gemakkelijk. De artsen vermoeden allerlei interne afwijkingen. Hij zou onder meer een niet functionerende hypofyse hebben. ('Panhypopit, hij heeft een panhypopit.' Dat is nou echt zo'n woord dat je als dokter graag gebruikt, een prachtig woord voor veel ellende.) Hierdoor maakt hij geen cortisol aan, waardoor hij nu in de stress is. Zijn hartslag is rond de 180 slagen per minuut. Veel te hoog. Maar niet als Lau hem buidelt. Dan zakt-ie naar de 140. Daar hoort hij ook, bij mamma. En als het aan hem lag, was hij daar ook gebleven.

Zondag 29 augustus

Vier uur geslapen. Lau is ook wakker en schrijft. Het doet me goed haar bezig te zien met pen en papier. Je gevoel omschrijven, herbeleven, structureren. En dat doornemen met elkaar zodat we niet op verschillende golflengtes komen. Maar daar hoeven we niet bang voor te zijn: we zitten op één lijn. Met alles. Man, zoiets zou je er ook nog eens bij hebben. Dat de één boos of opstandig is, overal voor wegloopt of onderuit gaat en niets meer kan. Terwijl de ander juist kalm, rustig en stoïcijns de situatie onder ogen ziet. Ik realiseer me wel dat ik de sterkste ben momenteel. Deels door mijn rol als arts en deels omdat ik lichamelijk niets mankeer. Bijna niets dan. Mijn rug is behoorlijk aan het opspelen door die krukjes, het slechte slapen, de stretcher en de stress.

LAURA

Mijn wereld bestaat uit de ziekenhuiskamer en de afdeling waar Lennard ligt. Na vijf uur heb ik niet meer geslapen. Met Cas twee uur lang gepraat en de laatste dagen doorgenomen. Zo'n vader zou ieder kind zich wensen.

We ontbijten om zeven uur, daarna kolven en douchen. Cas gaat verder met het beschrijven van de laatste dagen. Dat doe ik even later ook, kort. We hebben een zware dag voor de boeg. De situatie wordt nu steeds duidelijker en heftiger. Ik zie op tegen al het bezoek. We bespreken het met zuster Saskia en zij biedt de perfecte begeleiding.

Die middag komen mijn zus en haar man langs. Soms is het fijn om zonder tranen te praten. En soms is het juist fijn om even heel hard te huilen. Daarna naar Lennard gegaan. Ik schrok me te pletter. Zo onrustig als hij erbij lag. Ik ben doodsbenauwd dat we ineens de laatste fase ingaan. Al heeft hij alle recht om te gaan, als hij dat wil. Dat begrijpen wij goed, als hij er geen zin meer in heeft. Ik wil en kan nog helemaal geen afscheid nemen en zie op tegen de pijn. We bekijken Lennard met zijn tweeën nog eens goed. Alle details proberen we in ons op te nemen. Ik wil alles vasthouden en voor altijd naar hem kunnen kijken. Omdat het 's middags ook zo goed werkte, buidel ik en weer wordt Lennard rustiger. Dit was tot nu toe de beste dag met onze zoon!

Vandaag is het rustig. Er is weinig bezoek gepland. We kunnen veel tijd met Lennard en elkaar doorbrengen. Kennelijk kun je razendsnel rituelen ontwikkelen. Ze vormen een anker, een houvast. De emoties van de familie en vrienden zijn oprecht en warm, maar kosten ons te veel energie. Zeker als er nieuwe mensen bij komen. Dan moet je weer terug met je verhaal naar woensdag, terwijl wij al op zondag zitten. De anderen hollen achter ons aan. Ook de dokters en de verpleging, zo lijkt het. Die blijven maar geloven in betere tijden. Wij weten wel beter. Al tijden. Hoewel de hoop blijft dat het allemaal niet waar is. Dat het toch nog goed komt.

Een goede vriend uit Nijmegen die ook in het ziekenhuis werkt, komt die ochtend nog langs. We hebben sokjes nodig, want Lennard krijgt soms blauwe voetjes. Onze ouders zijn emotioneel op, denken we. We kunnen ze niet vragen langs ons huis te gaan. Mijn zus uit Nijmegen is uit de kindersokjes gegroeid, maar mijn Nijmeegse vriend die om de hoek woont zit er middenin. Zijn komst is perfect. Even een lach, een traan, een steun in de rug, we kennen elkaar van jongs af aan. Drie dagen geleden heeft hij 's nachts in de gangen van het ziekenhuis rondgezworven omdat hij dacht dat ik hier in mijn eentje zou zijn en Lau in Rijnstate. Topkerel.

Lau's ouders komen later langs. Haar moeder laat Lau een tijdje alleen met haar vader. Alleen met haar vader en haar zoon.

Later buidel ik nog tweeënhalf uur. Ben goed kapot. We doen een kort slaapje.

Voor even hebben we het inmiddels al vertrouwde 'tussen de middag'- gevoel. Met zijn tweetjes boven op 'onze' kamer. Gordijnen dicht, schermen omlaag en overal rust en stilte. Niets en niemand om ons heen, alleen wij tweeën. Buiten raast het leven voort. Maar onze wereld in het ziekenhuis komt even tot rust. We worden wakker en heel rustig maken we ons weer klaar voor Lennard.

Sandra, de NICU-verpleegkundige, praat met ons over koetjes en kalfjes. Het is een heerlijk moment. Lennard op de buik van Lau en kletsen over gewone dingen. Het lijkt bijna, nee, het is gewoon gezellig. Dat kan dus nog: gezellig.

Boos zijn we niet. Op wie zouden we dat moeten zijn? Op de dokters? Op de wereld? Op onze lieve heer? Jaloers?

Dat gevoel ken ik niet. Schuld? Nee. Angst? Eigenlijk ook niet. Vanaf het gesprek met de kinderarts uit Rijnstate, donderdagochtend, houden we rekening met het ergste en daar blijven we rustig onder. Hoe kan dat eigenlijk? Wat zijn wij voor mensen? Waarom vallen we niet uit elkaar? Waarom slopen we de tent niet? Waarom schreeuwen en schelden we elkaar niet verrot?

Lennard heeft het zwaar. Hij heeft veel stress en lijdt. En dat is onverdraaglijk.

Maandag 30 augustus

Vandaag is het infuus gesneuveld. Lennard krijgt een centrale lijn in zijn navelvaten. Dat gaat heel moeizaam. Drie dokters zijn ermee aan het knoeien en hij verliest veel bloed, want zijn bloedstolling is niet op peil.

Er moet opnieuw bloed worden afgenomen voor chromosomenonderzoek. Dit keer hebben ze erg veel nodig. Zijn voetje is helemaal lek geprikt. Nog meer pech: De MRI kan niet gemaakt worden. We moeten wachten tot morgen. Bovendien zijn ze vier uur bezig met het maken van een EEG! Al die tijd kunnen we niet bij hem.

LAURA

Een van de zusters zegt dat ik met een doekje moet slapen. Dat kunnen we dan later in Lennards bedje leggen, een zogenaamd geurdoekje. Daar wordt hij rustig van, is hun ervaring.

Cas vraagt of hij dat ook mag. Cas wast zich met dezelfde zeep en shampoo als ik, zodat we allebei hetzelfde ruiken. Hij helpt met overhevelen naar mij en aansluiten van alle slangen. Ook heeft Cas geholpen met de verzorging.

Ik probeer wat te lopen en voel me direct niet lekker worden. Half de wc gehaald en best geschrokken.

Ik heb haast. Zuster Yvonne heeft me overtuigd dat we alle tijd hebben en dat we rustig aan kunnen doen. Ik moet aan mezelf blijven denken, ik ben herstellende van een operatie, dat moet ik niet vergeten. Hoe graag ik dat ook zou willen.

Gehoopt 's avonds wat meer rust te krijgen, maar het infuus bij zijn navel bloedt. We hebben hem samen verzorgd. Lipjes schoongemaakt, schone luier gegeven want hij had zowaar meconium, we zijn trots! Hij heeft zoveel slangen nu, ik word er niet goed van. Het kleine beetje dat we hebben, het buidelen, wordt ons nu ook moeilijk gemaakt. Ik ga zo nog naar Lennard toe, hoop dat hij dan rustiger is, dan word ik ook weer rustiger.

Als we tijdens het doktersuur binnen willen komen staat tot overmaat van ramp net een groep co-assistenten met de hoogleraar over Lennard gebogen. Lau wordt witheet. We hebben maar zo kort met hem, we willen hem zien en voelen en dan staan daar ineens allemaal witte jassen rond zijn bed. Het zou een mooi leermoment geweest zijn voor de co-assistenten, denk ik achteraf. Iets over de menselijkheid en privacy in het ziekenhuis te weten komen. Maar dat circus hoort erbij: een academisch ziekenhuis heeft voor- en nadelen.

We komen weer tot rust als we buidelen. Lennard ook, geloof ik.

In de loop van de dag hebben we twee keer een gesprek met

Liem. De artsen houden het voorlopig op het Smith-Lemli-Opitz syndroom, maar dat heeft een breed spectrum en zegt helaas weinig over de prognose. Volgens Liem zijn het EEG en de MRI-scan bepalend voor de prognose. Een zeer matige MRI levert zo'n slechte prognose op dat we wellicht beter kunnen stoppen met behandelen. Dit is heel goed bespreekbaar met de arts. De man is alwetend, empathisch, diplomatiek, rustig, aardig maar tegelijkertijd wel degelijk daadkrachtig. Hij zal alles in het werk stellen om Lennard geen ondraaglijke pijnen te bezorgen. Zijn woorden stellen ons gerust.

Door de positieve kijk van de verpleging en de artsen die rond Lennard lopen, krijgen we soms toch weer hoop. Die hadden we eigenlijk al laten varen. Maar waar hebben we hoop op? Op een gezond leven? Dat is onmogelijk. En op het moment dat we dat hardop uitspreken tegen elkaar, zakt ons de moed in de schoenen.

Ik help de verpleegkundige met het wassen van Lennard en dat voelt erg goed. Hij heeft zelfs wat meconium geloosd en dat ziet er normaal uit. Zwart en stroperig. Lennard doet ook gewone dingen, net als alle andere baby's!

Ik pak hem vast om hem over te hevelen naar het bed van Lau. Terwijl ik dat doe, voel ik hoe ongelooflijk slap hij is geworden. Een zak botjes, zo voelt het. Zo slap als een vaatdoek. De schrik slaat me om het hart. Donderdag toen ik hem op mijn borst had, was hij nog zo beresterk. Of was dat schijn?

Het overhevelen van Lennard naar Laura's buik is een sport op zichzelf, want hij heeft intussen een centrale lijn in zijn navel, EEG-plakkers op het hoofd, zuurstofmeters op zijn vinger en teen, een zuurstofslangetje in zijn neus, ECG-plakkers op zijn borst en een automatische bloeddrukmeter om zijn arm. Na het overhevelen kleed ik me uit en stap in mijn onderbroek in bed naast Lau, om Lennard over te nemen. Daar zitten we dan: het gezin Van Koppenhagen. In onderbroek. Maar waar we ons de afgelopen maanden druk maakten over de kleuren van het kamertje, de stof van de gordijnen, pijntjes in de rug en kleine misselijkheidjes, zijn wij nu aangekomen bij het onvermijdelijke en tegelijkertijd onverdraaglijke: onze baby redt het niet.

LAURA

Wat zal morgen brengen; nog meer ellende? Ik hoop dat we nog de rust met hem krijgen waar we naar verlangen. Ik ben ook doodop. Rond middernacht heb ik Lennard nog even een kus gegeven. Hij ligt er rustig bij, alleen zijn naveltje bloedt nog een beetje maar dat wordt verholpen door het geven van bloedplaatjes. Voor alles is een oplossing, bijna voor alles dan. Slaap lekker, lieve jongen.

Dinsdag 31 augustus

Lennard ligt er rustig bij. Hij heeft een snufje van het een of ander gekregen waardoor hij rustiger ademt. Ze hebben hem van de zuurstof gehaald en daar voelt-ie zich goed bij. Helaas kunnen we hem niet meer op onze buik buidelen omdat het infuus lekt. Lau is blij en heel gefocust. Ze gaat bij hem zitten, begint tegen hem te praten en houdt daar niet meer mee op.

Intussen zak ik door de grond. Het wordt zwart voor mijn ogen, het zweet breekt me uit en ik kan geen woord uitbrengen. Hoe kan ik me nou in ´s hemelsnaam zo klote voelen als mijn bloedeigen zoon een goede dag heeft en zonder zuurstof blijkt te kunnen?

Ik loop weg en dwaal door de gang van het St. Radboud. Die koude, kille, donkere, maar bovenal ellenlange gang. Ik loop naar de hal waar ik een tijd als verdoofd voor me uit zit te staren. Wie, wat, waar, hoe? Mijn blik blijft rusten op een gigantische houten kolos, een olifant midden in de ontvangsthal, die me nog niet eerder opgevallen was. Waarom staat hier in godsnaam een olifant? Gek is dat: het kunstwerk lijkt, hoe pompeus en buitenissig ook, iets van rust en kracht uit te stralen. Wijsheid zelfs. Misschien heb ik iets om mijn gedachten en gevoelens te ordenen. Die blijven maar doordenderen, ze stuiteren alle kanten op. Wie kan er zorgen voor een beetje rust in mijn kop? Laura kan ik daar voorlopig niet mee lastigvallen.

Opnieuw komt ons dilemma in volle hevigheid op me af. Als Lennard het goed blijft doen, hebben we geen middelen om hem te laten sterven. Actieve euthanasie bestaat niet bij kinderen omdat ze wilsonbekwaam zijn. En dan krijgt hij dus dat rampzalige leven waar we hem juist zo graag voor willen behoeden. Ik kijk naar de snuit van de olifant. Ja, ja, en dan ga jij het verhaaltje zeker uitblazen.

Nadat ik wat bij mijn positieven ben gekomen ga ik weer bij Laura en Lennard zitten en probeer me groot te houden. Langzaam verdwijnt het knagende gevoel in mijn onderbuik. Het is goed zoals het nu is.

Lennard moet in de middag naar de MRI-scan. De gedachte is onverteerbaar dat hij straks helemaal aan de andere kant van het ziekenhuis twintig minuten in zijn eentje in een koude buis moet liggen en daarvoor een tocht van tien minuten door dat immens grote ziekenhuis moet afleggen.

LAURA

Vanochtend van zes tot zeven bij Lennard geweest. Genoten van het rustige moment met hem. Daarna ochtendritueel van eten, kolven, douchen. Besloten om te stoppen met kolven, ik krijg daar pilletjes voor van de dokter. Deze kolfsessie leverde ook bijna niks meer op, dat geeft meteen een rustig gevoel.

Om kwart over negen weer naar Lennard en tot twaalf uur gebleven! Wat een rust, wat een mooi ventje. Het blijft dubbel, maar het gaat beter met hem. De maagsonde is eruit, de katether en de neustube. Hij trekt grimasjes en plast genoeg. Hij had zelfs best veel meconium. Het leek ook of hij zijn oogjes open wilde doen. Wat een lieverd is het toch, onze mooie man. Heerlijk om zijn gezichtje te kunnen zien zo zonder slangen. Hij krijgt straks moedermelk. Zo blij dat ik hem mijn melk heb kunnen geven en ben gaan kolven. Hij heeft toch het beste van het beste gehad!

Ben wel bang voor vanavond en morgen. Daarom geniet ik van elke minuut.

's Middags tussen vier en zeven uur weer bij Lennard. Hij geeft ons elke keer weer rust en kracht als wij het niet meer zien zitten. Het is zo'n sterke vechter. Ik ben zo trots op hem.

We zien dokter Liem om zes uur op de NICU. Hij knikt ongemakkelijk. We voelen ons waardeloos en tegelijkertijd supernerveus. Ik heb pijn in mijn hart, hoofd, buik en schouders. Een loden last drukt mijn borstkas in elkaar.

Liem steekt van wal.

De MRI-scan bevestigt de echo en zijn vermoeden. Lennard heeft een grote bloeding in zijn hersenen, hij heeft forse schade opgelopen van de perinatale asfyxie (zuurstoftekort rondom bevalling) en een forse afwijkende aanleg van grote delen van de hersenen, waaronder de temporaalkwab en het cerebellum (deel hersenen en kleine hersenen) en afwezigheid van het corpus callosum (het tussenschot van de hersenen).

Alle reden om te veronderstellen dat er sprake is van een zwaar geretardeerd (onderontwikkeld) brein dat daarnaast grote schade heeft opgelopen rondom de geboorte met grote kans op onbehandelbare epilepsie (daar heeft hij de afgelopen dagen al veel aanvallen van gehad). Het EEG is niet verbeterd ten opzichte van vrijdag. Er herstelt helemaal niets. Ook dat is slecht nieuws. Liem verwacht daarnaast veel interne problemen: zijn hart, zijn longen, zijn darmen en zijn bloedhuishouding.

Het is de bevestiging van wat we al dachten. Toch is het een enorme klap. Maar er komt er nog een.

Ook Liem heeft gezien dat Lennard het beter doet dan gisteren en misschien zonder zuurstof kan leven. Misschien. Dit levert een probleem op. Wat heet. Deze situatie geeft ons geen mogelijkheid hem te laten sterven, zoals ik zelf ook al bedacht had. Stoppen van de behandeling zal moeten worden besproken in de staf. Dat gebeurt morgen. Maar het probleem zal zijn dat er collega's zijn die tegen zijn omdat Lennard levensvatbaar zou kunnen worden genoemd op dit moment, in de meest strikte zin van het woord.

Liem vertelt ons over het 'verhongerings'-protocol in het Academisch Ziekenhuis in Groningen. Dit is een veelbesproken item onder neonatologen, waarbij besloten wordt geen medische ingreep meer te verrichten en ook geen voeding meer toe te dienen. Donderdag wil hij het op een landelijk congres bespreken met een collega uit Groningen. Hij zal dat dan wel moeten voordragen aan de directie van het St. Radboud. De directie zal vervolgens een uitspraak moeten doen. Beren op de weg. Maar dokter Liem wil ze graag opruimen. Hij wil hetzelfde als wij. De arts wil ook een einde maken aan Lennards lijdensweg en zorgen dat hij geen onmenselijk bestaan krijgt, in het beste geval ergens 'in een centrum op de hei tegen een knuffelmuur'. Maar we zijn met handen en voeten gebonden.

Bij Lau dringt nu door wat ik de hele dag al weet. Ze wordt bleek en valt flauw.

Samen met de verpleegkundige van de afdeling krijgen we haar weer bij.

We willen wel, maar kunnen niet. En kunnen we dit sowieso wel? En waarom kunnen we überhaupt overeind blijven en hier gedachten over vormen en zelfs ordenen? Dat kan toch niet! Verdriet krijgt een nieuwe dimensie. De bodem is weg, we vallen naar beneden. Geen handreikingen, geen reddingsboeien. We vallen in een onmetelijke afgrond, geen bodem te zien: we blijven maar door vallen.

LAURA

Net gesprek met dokter Liem. Drie conclusies, drie keer slecht nieuws:

- *EEG bevestigt de gedachten van de MRI: continue epilepsie, wat leidt tot een onwaardig bestaan*

- *hersenbloeding rondom de geboorte, verklaart mindere bewegingen na donderdag*

- *Het probleem: we hebben geen stekker om eruit te trekken, hij kan zonder zuurstof*

Het ene bericht nog erger dan het andere. Het laatste bericht vind ik ondraaglijk en onmenselijk. Hier wil ik niet eens meer over nadenken; dit is niet normaal. Denk je dat je alles hebt gehad, krijg je dit eroverheen. Na het gesprek val ik flauw.

's Avonds gaan we nog naar hem toe. Eerst heb ik hem even vast. Het gaat niet goed, ik voel me te zwak, toch is het heerlijk, hoe kort het ook duurt. Daarna Cas, hij geeft hem ook voeding. Wat een mooi stel.

Om half drie gaan we slapen, maar van vier tot vijf zitten we weer bij hem. Opnieuw geeft hij ons kracht. We leven van minuut tot minuut en niet meer van uur tot uur. Ik zie op tegen de volgende dag.

Woensdag 1 september

In de ochtend gaat het minder met Lennard. De verpleegkundigen leggen toch weer het zuurstofkapje voor zijn mond. Een enorme rust daalt op mij neer. OK, hij redt het dus niet zonder zuurstof en zeker niet voor langere tijd. We buidelen weer.

'Stil maar jongen, we zijn er nog, we houden van je. Bij ons heb je het goed.'

We geven hem onze warmte in de hoop dat hij het voelt. Dat doet hij vast en zeker, al kan hij het niet meer laten merken. Hij wordt steeds slapper. De bloedcirculatie doet het nog steeds goed, ook al vermoedt dokter Liem een fors hartdefect.

Liem komt opnieuw voor een gesprek, dit keer met de oudste zuster en de maatschappelijk werkster van de afdeling neonatologie. Er is een multidisciplinaire bespreking geweest met de staf van de neonatologie. In de bespreking heeft de maatschappelijk werkster onze belangen behartigd. Gisteren en maandag hebben we uitgebreid met haar gesproken. Een heel prettig mens, we voelen ons vrij om alles te vertellen. Een enorme steun in deze moeilijke dagen. We krijgen te horen dat we het zo goed doen allemaal. Zelf weet ik het nog niet zo net: volgens mij doen we maar wat. Maar het is wel het beste wat we kunnen. Hemel en aarde willen we bewegen voor onze jongen.

Liem is tevreden over de bespreking. Unaniem is besloten de curatieve (genezende) behandeling te staken. Al even eensgezind is afgesproken om over te gaan tot palliatieve (verzachtende) behandeling. Dit betekent dat er ingegrepen wordt als Lennard lijdt. Door morfine of andere sederende (verdovende) en pijnstillende medicatie kunnen we de symptomen van stress en pijn onderdrukken. Als hij het moeilijk krijgt, helpen we hem: daar komt het in feite op neer.

Het betekent dat we afscheid zullen moeten nemen van Lennard, want hij gaat overlijden, dat lijkt zeker. Toch zijn we enorm opgelucht. Er is gelukkig geen strijd tussen ons en de professionele zorgverleners. We zullen moeten afwachten hoe Lennard reageert op het weghalen van de zuurstof. Dat kan best eens lang gaan duren. Dokter Liem zegt dat hij niet zal aarzelen met het toedienen van morfine. We hebben alle vertrouwen in hem.

We overleggen hoe we het gaan aanpakken. Ons voorstel is om vannacht om twaalf uur de curatieve behandeling te staken. Geen idee waarom we voor dat tijdstip kiezen, maar het voelt goed om de dag dat hij gaat overlijden dan maar meteen te aanvaarden. Niet meer uitstellen, maar een einde maken aan zijn lijdensweg.

We willen de familie nog afscheid laten nemen, vanavond om elf uur, dan hebben we eerst nog een paar uur met zijn drieën. Onze ouders en zussen met aanhang komen en Charlotte, een van de beste vriendinnen van Laura. Zij heeft alle communicatie met Lau's vrienden en collega's gedaan de afgelopen week. Mijn moeder heeft, sterk als ze is in dit soort situaties, deze rol voor mijn vrienden, familie en collega's voor haar rekening genomen.

's Avonds gaan we er eens goed voor zitten. Nog één keer buidelen. Lennard ziet er heel grauw uit. Hij ademt steunend en voelt slap. Dit lieve jongetje heeft helemaal niets te zoeken hier op aarde. Ja, op de liefde van zijn ouders kan hij rekenen. Maar dat is niet voldoende om een menswaardig bestaan te leiden. Hij verdient zoveel beter. Ik hoef alleen maar even aan de vele chirurgische ingrepen te denken en aan de onbehandelbare epilepsie en ik ben klaar. Ik merk dat die gedachte mij tot rust brengt. We moeten hem laten gaan. Hoezeer alles in mij schreeuwt dat het niet kan. We moeten hem loslaten. Voor zijn bestwil, alleen voor zijn bestwil.

Terwijl hij op mijn borst ligt en Lau even wat te drinken haalt, verslikt Lennard zich. Zijn hartslag daalt acuut en hij lijkt onderuit te gaan. Paniek overal, toeters, bellen en rennende zusters. Ook Lau is in paniek. En ik? Ik zit rustig met Lennard en het wordt helemaal stil in en om mij. Alleen met mijn zoon en ik voel dat het goed is.

'Ga maar jongen, ga maar.'

Maar hij gaat niet. Hij trekt bij. Wil zeker nog één keer de volle aandacht van zijn familie. Gelijk heeft-ie. De zuster probeert me gerust te stellen, maar ziet dat ik helemaal niet gerustgesteld hoef te worden.

'Van jou mag hij gaan. Weet je, dat is grootste liefde die er bestaat.'

Een bizar compliment op een bizar moment. Maar het klopt wel. Ik wil gewoon niet dat hij langer hoeft te lijden dan nodig is. Ik wil verdorie überhaupt niet dat hij lijdt. Ik wil dat Lennard een gewoon leven kan leiden en rond kan springen, rennen en vliegen, vallen en weer opstaan. Maar toch. Als hij er dan zo tussenuit wil knijpen bij zijn vader op de borst, dan voelt dat alleen maar goed. Maar voorlopig blijft hij nog even onder ons.

LAURA

's Ochtends hebben we een gesprek met de maatschappelijk werkster. Ze vraagt ons naar onze religie en hoe wij de toekomst met Lennard hadden gezien als hij zou blijven leven. Ik zeg dat ik alles aan kan, dat het niet om ons maar om HEM gaat. Zijn kwaliteit van leven. Zij vindt dat daar veel kracht uitstraalt.

Hij heeft zijn oogjes opengedaan naar mij! Helaas was Cas er niet bij, eerst alleen zijn linkeroog. Ik hielp hem een beetje en later ook zijn andere oogje. We hebben elkaar even aangekeken. Ik vond het eerst heel erg alsof hij mij had gesmeekt om hem niet te laten gaan. Cas zegt dat hij naar mij heeft geknipoogd en heeft laten zien dat het goed was.

Bij Cas op de borst verslikt Lennard zich. Zijn hartslag schiet omlaag, zijn ademhaling stokt. Ik ben in paniek maar Cas blijft heel rustig. De zusters hebben mij gerustgesteld. Gelukkig trekt Lennard weer bij.

Het afscheid

Het loopt tegen elven die avond. We kleden ons netjes aan. Lau blijft bij Lennard terwijl ik de familie opvang. Het is heel onwerkelijk allemaal. Iedereen is zenuwachtig en verdrietig. Onze ouders, zussen en hun partners willen ons troosten maar ik heb eerlijk gezegd meer het idee dat het andersom is. Voor ons is de situatie overduidelijk. Wij zitten dan ook midden in het proces en lopen mijlen vooruit op de anderen. Vooral Lau is wonderbaarlijk rustig. Eigenlijk is ze vooral heel trots om haar zoon nog één keer te laten zien. Hij ligt er dan ook vredig bij en in dit licht ziet hij er eigenlijk nog niet eens zo slecht uit.

Samen met mij lopen ze per koppel naar Lennards bedje. Als mijn vader en moeder aan de beurt zijn, ga ik onderuit, bijna letterlijk zelfs, hoe groot ze zich ook proberen te houden allebei. Dit moment zal niemand ooit vergeten. Afscheid nemen van je kleinzoon, je neefje, zo kort nadat hij geboren is, het slaat natuurlijk helemaal nergens op. En toch lijkt iedereen zich erin te kunnen vinden. Waarom slaan ze er niet op los, lopen ze niet gillend over de gang? Rammen ze niet een paar dokters op hun smoel, slaken ze niet de meest absurde Bijbel- of Koranteksten, waarom niet? Of houden ze het verborgen voor ons?

Het loopt tegen twaalven, het uur van de waarheid is gekomen. Hier bestaat natuurlijk geen protocol voor.

Het voelt ook zo tegenstrijdig. Wij, Laura en Casper van Koppenhagen willen onze zoon Lennard Floris van Koppenhagen helemaal niet kwijt. Wij willen hem niet laten sterven. Laat deze toestand stoppen. Ik kijk naar zuster Laura. Gelukkig heeft zij dienst, zij is mijn favoriet. Ze drentelt ongedurig door de kamer. Ook dokter Liem is in huis - die man lijkt altijd dienst te hebben - en komt poolshoogte nemen. Ook hij loopt heen en weer tussen Lennards bedje, de kamerdeur en het raam. Hij loopt wat voorovergebogen, lijkt ieder oogcontact uit de weg te willen gaan en zwijgt voornamelijk. Alsof hij er ook niets meer aan kan doen. Of verbeeld ik het mij?

Dan gebeurt het. Om kwart voor één haalt zuster Laura ogenschijnlijk argeloos en zonder trommelgeroffel het zuurstofkapje weg. Ze stopt alle acht pompen voor het infuus, en laadt er ook weer eentje op. Morfine.

Lennard blijft rustig liggen en we blijven even bij hem hangen. Er verandert niet veel. Dit gaat lang duren. Omdat het een lange en intensieve dag is geweest zegt zuster Laura dat het misschien beter is als we wat gaan slapen en dat zij wel belt als er iets verandert. Dat lijkt ons een goed idee, hoe idioot dat ook klinkt. Ik rijd een huilende Lau in haar rolstoel naar onze kamer. We kleden ons uit en gaan eens lekker tegen elkaar aan liggen. De zuster van de afdeling komt nog even binnen en heeft tranen in haar ogen. Of ze wat voor ons kan doen? Ze heeft nog een yoghurtje met vers fruit voor Lau. Lief. Zoals al die zusters hier bijzonder lief en attent zijn. We doen het licht uit en praten nog wat. We zijn in en in verdrietig. Dan gaat de telefoon. Zuster Laura belt dat Lennard het toch wat moeilijker krijgt. Ze is even wat gaan verzorgen, dit kost hem energie en die heeft hij dus niet. Dit is ze natuurlijk bewust gaan doen om hem te testen. Hij heeft meer morfine nodig. We zijn opgelucht en vallen kort hierna in slaap. Dat lukt zomaar. Je zou denken dat je stijf van de adrenaline staat en dat je gedachten alle kanten op schieten, maar we zijn zo gesloopt van de afgelopen week dat we als een blok in slaap vallen.

Drie uur later worden we allebei wakker en besluiten met bed en al naar beneden te gaan. De nachtzuster brengt ons en we installeren ons op de NICU. Hij mag naar een aparte kamer, maar dat willen we niet. Dit is zijn plekje. Hier op deze plek blijven we tot het einde. Denk ik. Hoe lang weet ik niet, maar ik krijg het gevoel dat het niet lang meer zal gaan duren. Het is vier uur. Afwisselend nemen Lau en ik hem in onze armen. Hij voelt nog lekker warm. De hartslagmeter en saturatiemeter blijven aan. Dit is voor de zuster om het geheel te monitoren, maar ergens is het waanzin natuurlijk.

Lieve Lennard, wat voel je warm. Ik houd je stevig vast. Het liefst zou ik je nu in mijn armen willen nemen en samen met mamma met je weglopen naar een plek in een diep donker bos en wachten tot het over is. Tot het helemaal over is.

We praten wat met zuster Laura en vragen wie straks de dienst van haar overneemt. Zuster Sireen. Die kennen we nog niet, maar zo'n naam klinkt in elk geval prima. Volgens zuster Laura is zij een heel bijzondere en daar is niets te veel mee gezegd, zal later blijken. Zo rustig, zo betrokken, zo vertrouwd. Ik vind haar mooi. In alle ellende heb ik daar dus gewoon nog oog voor. Of ben ik verblind en vind ik alle vrouwen die zich om Lennard bekommeren mooi en lief? Er moet een behoorlijk pittige selectie zijn geweest wil je op zo'n afdeling worden aangenomen. Vrouwen (en mannen) die dit werk aan kunnen zijn slim, sterk, lief en betrokken.

We zitten naast elkaar. Lennard ligt in Lau's armen. We

denken, we dromen, we voelen. Werkelijkheid of fictie. Dat is de vraag. Maar het voelt tussen het onwerkelijke door heel werkelijk. Wij en Lennard. En het afscheid. We lijken erop voorbereid, maar het overvalt ons toch. Omdat je er niet op voorbereid kunt zijn.

Toen Lennard er gisteren tussenuit dreigde te knijpen heeft een zuster aan Lau uitgelegd dat het nog wel eens lang kan duren en hij ook weer 'terug' kan komen. Een gruwelijk gezicht. De dienstdoende arts vertelt ons precies hetzelfde. Een lieve vrouwelijke kinderarts in opleiding, ik schat haar op 28 jaar. Lekkere dienst heb je dan, zeg. Je kent de patiënt Lennard van Koppenhagen niet of nauwelijks, je kent zijn ouders niet, maar sluit wel de morfine aan en verwacht dat hij in jouw dienst gaat overlijden.

Langzaam heeft Lennard steeds meer morfine nodig.

Zuster Laura biedt ons een servetje met sinaasappel- en appelstukjes aan. Fijntjes gesneden, met veel zorg. Hoe onwerkelijk ook, wij genieten ervan.

Ik voel de zon in onze rug opkomen en een aantal lichtstralen valt langs en over ons heen. Ik zeg tegen Lau:

'Het zou toch mooi zijn als Lennard bij het opkomen van de zon vertrekt.'

Het overlijden

Om kwart voor zeven houdt Lennard het voor gezien. De saturatie daalt, de hartslag gaat onder de 20 en hij draait zijn hoofd.

Lau is voorbereid op het 'terugkeren', maar mij overvalt het, hoewel ik dit in mijn carrière al een paar keer heb gezien. Ik schrik me rot als hij plots weer beweegt en tot leven lijkt te komen. Weer gaat ademhalen, en weer hartritme krijgt. En weer gesatureerd raakt. De dokter zegt dat dit nog wel eens een dag kan duren. Een dag?! Mijn god, dat overleven we niet. Iedere keer nemen we afscheid en hopen dat hij niet terugkeert. Maar dat doet hij wel. Iets van zeven keer, denk ik, al raak ik de tel kwijt. Lau kan het steeds slechter aan, omdat het zo tegen ons gevoel indruist. We nemen afscheid, dat kan eigenlijk maar één keer en daarna zijn we bijna teleurgesteld als het nog niet over is. Dat kan toch niet? Hoe kunnen we dat nou denken en voelen? Hoe kunnen we nou bijna boos worden dat hij weer terugkomt? Zo ongelooflijk dubbel allemaal. Ik denk ondertussen dat Lau beter weg kan gaan, want met haar moederwarmte brengt zij Lennard vast weer terug naar het rijk der levenden. Althans zo voelt het. Lau stelt hetzelfde voor en toch blijven we gewoon zitten.

Zuster Sireen komt op ons bed zitten en we keuvelen wat. Over het kamertje boven, over Arnhem, ons huisje, over de afdeling hier, haar werk, haar collega's. En dan is hij er ineens mee opgehouden en keert niet terug.

Lennard Floris van Koppenhagen is overleden om 10.40 uur op 2 september 2004.

LAURA

De behandeling is gestopt.

Om half zes gaan we naar beneden en neem ik Lennard snel in mijn armen. Om zes uur krijgen we van zuster Laura een geschild appeltje. Als we het laatste stukje op hebben, verlaat Lennard ons. Ga maar lieve Lennard, al doet het nog zo'n pijn.

Met zijn drieën in bed, met alle warmte afscheid van hem genomen. Dat zal ik nooit vergeten. Om tien over half elf 's ochtends is Lennard officieel overleden. Een mooie zomerdag. De lucht is strak blauw.

Lennard is overleden en het wordt stil en rustig om ons heen. Hier zitten we op de NICU, die alweer vol in bedrijf is, realiseer ik me. Zuster Sireen heeft alleen de zorg om Lennard, zoals hij de hele week steeds een zuster had die alleen hem verzorgde. Ze legt ons de procedure uit. We hebben al besloten dat we hem mee naar huis nemen. Eerst wordt er nog obductie gedaan, dan kunnen we hem morgen ophalen in het ziekenhuis of thuis laten brengen door de stervensbegeleider.

Een doemscenario trekt voorbij:

Ik loop met het kistje door de straat. Daar zit de man van de Leder Turk van twee winkels verderop op zijn krukje. Daar zit-ie altijd. Wachtend om tegen iets of iemand een opmerking te maken. Hunkerend naar contact. Hij ziet ons aan komen lopen.

Alles gut, alles moi? Ok mit frau? Ok mit kind?

Dacht het niet ouwe, kijk maar eens in het kistje. Ies mijn zoon. Hartstikke dood. Ies nie gut.

Gelukkig, dat tafereel hoeft niet, de uitvaartbegeleidster komt hem brengen.

Thuis

Voor de eerste nacht in ons eigen bed nemen we allebei een slaappil. Die werkt redelijk. 's Ochtends valt de krant in de bus. Lau lijkt nog in diepe slaap. Om zeven uur hoor ik de eerste werklieden in de buurt. Hoe bedreigend en intimiderend dat ook klinkt, het houdt me bij de les. Het leven gaat door. Ja, natuurlijk. Voor ons beiden. Maar er is ook leven opgehouden. Diep van binnen ben ik een beetje doodgegaan. De dood heeft in mijn handen gelegen, ik heb de dood gevoeld. De kou, de stijfheid, de ontmaskering van een kloppend hart. Als dat hart stopt, stopt het leven. Maar het stopt niet bij ons. Het klopt gewoon vrolijk verder. Alsof er niets gebeurd is. Hoogstens een overslagje extra, een tikje sneller. Bij weer zo'n slechte droom of gedachte. Maar het tikt gewoon verder. Wij moeten verder. Maar zonder jou, Lennard.

Twee dagen later volgt de afspraak met de uitvaartbegeleidster. Gisteren was haar collega al hier met Lennard. Netjes in een mandje in een doek gewikkeld. Niemand daarbuiten die wat heeft gezien. Een reuze aardige mevrouw. Beetje jong misschien, maar vriendelijk en behulpzaam. Niet het type dat je verwacht in je ergste dromen, zo een met een uitgestreken smoelwerk, een driedelig kostuum en een hele bende 'welgemeende condoleances ' in het repertoire.

De bel gaat, ik doe open. Dat kan ook niet anders want Lau kan wel bewegen, maar dat houdt nog niet over. Ik vind het fijn om voor haar te zorgen: deed ik voor al die ellende ook al. Thee, koffie, lekkere hapjes. Het is mijn rol en die ligt me wel. Als ik de voordeur openzwaai staat er een vrouw van rond de veertig voor mijn neus, hip gekleed met een open, mooi gezicht. Haar blik is fris en jong, terwijl de fijne groeven rond haar ogen doen vermoeden dat het leven toch niet helemaal ongemerkt aan haar voorbij is gegaan.

'Hoi, ik ben Suzanne van Horssen.'

Ferme handdruk, sterke oogopslag. Zo zie ik ze graag. Ze is duidelijk en to the point. Het klikt geweldig met Lau en de twee storten zich meteen op de organisatie. Ergens halverwege sla ik overboord: dit gaat me toch net even te hard. Natuurlijk staat mij een mooi en waardevol afscheid voor ogen, maar kennelijk heb ik meer tijd nodig om de juiste keuzes te kunnen maken. Want allejezus wat dienen zich weer een hoop beslissingen aan! Het hoeft ook niet meteen vandaag, zegt Suzanne geruststellend, al heeft Lau dat natuurlijk wel het liefst. Duidelijkheid en overzicht. Da's misschien heel knap, maar zo ver ben ik eerlijk gezegd nog niet.

Vanzelfsprekend wordt het een onvergetelijke dag. Waar ik twee dagen terug nog het idee had dat het vooral stil moest zijn, denk ik nu dat we iets moeten zeggen. Ik vertrouw erop dat ik wel een of ander gedicht kan maken. En Lau heeft ook een toespraak in gedachten. Misschien vragen we ook onze ouders om iets te doen. Eerst dachten we niets te kunnen, nu blijken we overal toe in staat. Het verdriet haalt het beste in ons boven.

Tijdens de voorbereidingen is het alsof we Suzanne al jaren kennen. Ze zegt dat we meer mutsjes nodig hebben, zijn bolletje ziet er niet meer zo fraai uit. Of ik niet even de stad in kan. Op zaterdag nota bene. Ik pak mezelf bij elkaar en ga naar buiten. Bij het afslaan naar links op het pleintje ga ik door de grond. Wat doen al die mensen hier? Straks kom ik nog een bekende tegen. Jawel, daar zie er zelfs twee. Met kinderwagen nog wel. Ze zien me niet, gelukkig. Ik loop door en trek bleker en bleker weg. Snel de Bijenkorf in. Mijn hoofd tolt van de gedachtestromen.

Hij is dood, mijn zoon is dood. En jullie? Wat doen jullie hier met z'n allen? Ga toch weg. Laat me alsjeblieft alleen.

Op de kinderafdeling loop ik naar een bak vol mutsjes en vis er twee prachtige witte exemplaren uit op. In de rij voor de kassa begint een vrouw te zeuren over een prijskaartje:

'Het was toch een aanbieding?'

'Nee mevrouw, dat was vorige week.'

'Ja maar, het stond wel op het schap hoor.'

Eindeloos, alsof we allemaal niets beters te doen hebben.
Mevrouw! Zal ik u even uitleggen waarom ik hier ben?
Dan leg ik de mutsjes op de toonbank. 'Is het een cadeautje?'
Welja, maak er maar een cadeautje van!

Nee joh, het is voor mijn zoon. Die is overleden, ziet u. Hij ligt nu op zijn kamertje, ach, het is zo'n mooi kamertje. Nou ja, hij heeft dus een grote hoofdwond en die lekt. Ja, dat is best lastig, vies eigenlijk, al dat vocht en bloed en daarom moet ik nu een reservemutsje hebben. Lekker zacht deze, voel maar hoe heerlijk zacht. Net zo zacht als Lennard toen hij nog leefde. Hij heeft maar een week mogen leven. Nu is hij dood. Hij was zo mooi en zo lief.

Toch zijn het andere woorden die mijn mond verlaten. 'Nee, het is voor eigen gebruik.'

'O, gefeliciteerd!'

Snel, maken dat ik weg kom. Ik rén naar huis, zie niemand, hoor niemand. Sla de voordeur achter me dicht. Dicht en nooit meer open! Ik ben vijf minuten buiten geweest en ben helemaal knock-out. Totaal kapot. Volledig naar de kloten. Laat ze allemaal de rambam krijgen. Mooi dat ik voortaan binnen blijf. Ik loop naar Lau en moet ineens heel hard huilen. Ze weet niet waarom. Ik probeer het haar uit te leggen. Ze begrijpt het niet. Haar wereld is al een week niet groter dan haar bed en Lennard. Ook deze dagen. Hooguit een beetje bezoek. Groter heeft ze haar wereld nog niet gemaakt en dat moet ze ook helemaal niet doen. Blijf maar lekker binnen. Ze zijn allemaal veel te onaardig buiten.

LAURA

3 september

We zijn de hele week onszelf geweest. Puur en eerlijk. We hebben gevoeld wat we moesten voelen. Daar ben ik trots op. We hebben alles gehoord, gedaan en gezegd waarvan we vonden dat het goed was. Niet één keer heb ik er bij stil gestaan of anderen het gek zouden vinden. Dat is een nieuwe ervaring voor mij en die heb ik geheel en al te danken aan mijn lieve zoontje!

Ik heb de neiging zijn naam hard te roepen. Net zo lang dat iedereen het hoort: 'Ik ben de moeder van Lennard!' Als ik dat doe voel ik veel verdriet, maar ben ik ook puur en trots.

Om kwart voor vier komt Lennard thuis. Het is zo'n mooi kamertje, nu is hij thuis, waar hij hoort. Hij ziet er OK uit, al vind ik wel dat-ie is veranderd. Hij is wel in de kamer aanwezig, als ik daar ga zitten. Dan word ik rustig en voel ik zijn warmte en kracht. We blijven lang bij Lennard zitten. Vooral 's avonds, bij het kaarslicht, ziet hij er geweldig uit. Ik zou alleen willen dat hij nog leefde.

Als ik goed naar hem kijk, is het Lennard al niet meer en voel ik geen intens verdriet. Daar voel ik me soms schuldig over. Toch vind ik het heerlijk om bij hem te zijn. Nu het nog kan. Ik moet niet te veel vooruitkijken, maar gewoon gaan zitten en hem voelen. Lekker tegen hem kletsen. Cas en ik worden allebei zo rustig als we bij hem zijn.

Kennismaking

Gisteren thuis met familie en vrienden afscheid genomen van Lennard. Er was veel sociale onhandigheid, want hoe moet je je in deze situatie in hemelsnaam goed houden? Dit kennen we niet, maar er was vooral veel steun, warmte en energie. Ook al onze vrienden en familie hebben veel verdriet, dat zouden we bijna vergeten. Ze delen hun verdriet. Iedereen vindt het mooi en prettig hem in zijn wiegje te zien liggen. Daar hoort hij ook.

Ik breek bij mijn grote vriend Maarten. Grote en zachte Maarten. Ik moet hard en diep huilen. Hij pakt me eens stevig vast.

En daarna is er helemaal niets, daarna wordt het rustig in me. Toch een gekke gewaarwording: ik blijf dus niet huilen maar stop en begin de anderen te troosten. Zorg dat die zich op hun gemak voelen. Daar ben ik goed in. Daar leef ik op.

Intens medeleven van vrienden, bijna allemaal jonge ouders. Zij zijn diep geraakt. ´s Avonds ben ik totaal kapot. We vinden toch nog energie om Lennards kistje te bekleden met de zo zorgvuldig uitgekozen gordijnen en we luisteren nog eenmaal naar de muziek van morgen.

LAURA

6 september maandag

Een dag voor zijn afscheid. Ik ben te moe om te huilen. Gisteren voelde ik vooral paniek, vandaag is er rust. Soms ben ik bang voor de volgende stap, soms is er angst voor de leegte die straks op ons afkomt. Geen idee hoe het verder moet. Deze hele ervaring zal ook goede dingen brengen, daar moet ik me aan vast zien te houden.

Ik realiseer mij dat het zo gek is dat we morgen afscheid nemen van Lennard en dat veel mensen hem niet gekend hebben. Daarom voelt het prettig dat ze hem gisteren gezien hebben.

Precies één week heb ik van mijn zoon kunnen genieten. Nu ben ik moeder zonder kind.

Om 10.00 uur gaan we Lennard aangeven op het stadhuis. Weer voel ik me trots als we een kopie krijgen van de aangifte voor in zijn boek. Alweer een mooie dag. De hemel is strak blauw. Gelukkig kan ik daar nog van genieten. Ik hoop dat ik elke dag iets zal vinden om van te genieten.

Mijn ouders passen intussen op Lennard. Ik laat zien waar de kaarsjes en lucifers liggen. Zo heb ik het idee dat ik kan laten zien hoe ze hem moeten verzorgen. Even kwam het in me op om te zeggen dat ik hoopte dat hij zich een beetje rustig zou houden als we op het stadhuis waren. Dat heb ik toch maar ingeslikt: mijn wereld is die van anderen niet.

Gelukkig weet ik wat er morgen gaat gebeuren, dan hebben we weer een leidraad, een draaiboek. Daarom hoef ik niet bang te zijn om straks flauw te vallen. Dat doe ik alleen als er iets onverwachts gebeurt dat ook nog heel slecht voelt. De afgelopen week is het me een paar keer overkomen. Maar zulke slechte momenten zullen er morgen niet zijn. Het wordt vooral mooi, bijzonder en dierbaar. Allemaal clichés, en dat kan me niets schelen.

Ik praat al in mijn hoofd tegen Lennard. Zoals ik ook jaren tegen mijn overleden broertje Alexander heb gepraat. Nu ben ik bijna klaar om afscheid te nemen van zijn lichaam. Want echt afscheid nemen van Lennard wil ik niet, hoef ik ook niet.

Geen boosheid, ook geen schuldvraag of hoop, alleen verdriet. Straks de onvermijdelijke leegte. Ik wist niet dat verdriet zoveel verschillende vormen kan hebben.

Het afscheid

Ik word wakker van het spel van het zonlicht door de gordijnen. We hebben relatief rustig geslapen. Mijn hoofd en lijf zitten vol gemengde gevoelens. Alsof ik een menhir heb ingeslikt. We lopen alles nog eens na. De binnenkomst, de praatjes, de muziek, de kaarsjes. Het voelt goed zo: laat het maar beginnen.

Mijn zwager staat precies op tijd op de stoep. Zoals het een goed militair betaamt. Wat zeg je tegen elkaar op zo'n moment? Weinig. We checken Lennard nog even op vlekken en warmte en samen met Suzanne hevelen we hem over in zijn kistje. Rondom Lennard leggen we een brief van Anneke voor Laura's broertje Alexander, een foto van ons beiden, Lau met bolle buik starend in de verte, en een boekje van mijn schoonzus *Weet je wel hoeveel ik van je houd.*

Met zijn mutsje en zijn nieuwe kleertjes ziet Lennard er prima uit. Lekker ventje wel, alleen een beetje stil.

Met het kistje lopen we nog een rondje door het huis.

'Kijk Lennard, dit was allemaal voor jou.'

Hier had ik je willen zien kruipen, hupsen, vallen, huilen, bijkomen en weer opkrabbelen. Hier had ik je groot willen zien worden.

We lopen naar de auto die voor de deur staat. Een mevrouw loopt voorbij en kijkt naar binnen. Ze schrikt zich een ongeluk. Dit is niet gewoon, dit hoort niet. Waarschijnlijk hebben we haar dag verpest.

In de stralende zon rijden we naar crematorium Moscowa. Arnhem ligt er prachtig bij. We gaan met Suzanne naar binnen. Prachtige zaal, mooie kring, sfeervol. We zoeken een plaatsje in het centrum en leggen Lennard in het midden.

Lau gaat even zitten. We moeten heel hard huilen. Wat is dit voor een verschrikking? Dit hoort niet. Lau is in zichzelf gekeerd. Toch is er contact. We houden elkaar vast.

Eén voor één komt iedereen binnen. Sommigen gaan zitten, anderen geven ons een knuffel. Iedereen is intens verdrietig. Ik zie enkelen toch weer schrikken van Lennard. Hoewel ze hem eergisteren ook zo hebben zien liggen. Het is zo hard.

De muziek zwelt aan.

Song from a secret Garden van Secret Garden.

De tranen blijven maar komen. De wereld is zwart, de kleuren van het glas-in-lood in de ruimte verzachten, de muziek verwarmt.

Frank Boeyens *Zeg me dat het niet zo is* is hard en rauw.

Mijn vader staat op en spreekt. Mooie en originele woorden: zoals hij is. Aan het einde breekt zijn stem, hij stamelt en slaat zich voor zijn hoofd. ‘Dag, Van Koppenhagen junior.’

Ik realiseer me dan pas dat Lennard stamhouder is. Was. Het besef komt keihard aan. Ik voel wat mijn vader voelt.

Ook mijn eigen moeder heeft iets voorbereid. Een kort

verhaaltje over ridder Lennard Leeuwenhart. Heel ontroerend en mooi.

Fragile van Sting.

Mijn schoonmoeder Anneke richt zich rechtstreeks tot Lennard. Wat moet zij de afgelopen dertig jaar hebben doorgemaakt? Wat heeft ze in die tijd allemaal weggestopt? Hoe heeft het verlies van haar zoon Alexander haar gemaakt tot de vrouw en de moeder die zij nu is? Haar verdriet is zo ontzettend voelbaar, zo gelijk. Hoewel dat niet zo is natuurlijk, maar toch.

Kiss from a rose van Seal.

Mijn gedicht.

I still cry van Ilse de Lange.

Mijn tweede gedicht.

Dan Laura. Ze spreekt haar laatste woorden die ze tegen Lennard prevelde op 2 september hardop uit. Hemeltergend.

A thousand beautiful things van Annie Lennox.

Laura voelt in dit nummer de hoop, de toekomst, de verwachting.

We lopen naar buiten. Ik draag Lennard. Lau zit in de rolstoel. De zon schijnt, het is warm. Ik loop met mijn zoon. Ik loop met de zoon van mijn vrouw. Nog even en we zijn hem kwijt.

Voorgoed kwijt.

Even maar voor altijd bestaan.

Jij engel met je eeuwenoude naam.

Schreef Huub Oosterhuis.

De catacomben van het crematorium zijn luguber. Lau mompelt: 'Ik weet nog wel een goede aannemer.' We grinniken.

Ik geef Lennard zijn laatste zetje in de oven.

Zwager Jan rijdt ons terug naar huis. Een stoet auto's. Mensen in de keuken, mensen op het terras. Lau op de bank met haar vriendinnen om zich heen. Een vriend zegt:

'Hé Cas, wie houdt jou eigenlijk op de been? Wie zorgt er voor jou?'

Geen flauw idee. We doen maar wat. De zon schijnt, er is bier en wijn en er zijn broodjes. Als we niet oppassen wordt het verdorie nog gezellig ook. Ik praat wat van me af en probeer mensen iets van ons gevoel mee te geven. Niet te somber hoor. Ja, ja.

Lau valt flauw, op de bank, tussen haar vriendinnen. Net als in het ziekenhuis. Iedereen is bezorgd. Maar is dit ook niet gewoon mooi? Een teken van het lichaam en de geest, dat dit alles bij elkaar gewoon te veel is. Dat dit niet normaal is.

Zeg me dat het niet zo is.

Het was een mooie dag. Gewoon een mooie dag. Dit hebben we goed gedaan. Sterker, ik denk dat we het fantastisch hebben gedaan. Ik denk dat dit de grootste prestatie van ons leven is geweest. Ik denk niet dat we ooit nog iets beters voor elkaar krijgen.

Verder

Wat staat ons te wachten? Ik val in een gat. Wat te doen? Werk? Vakantie? Familie? Vrienden? Ik weet het even niet, maar hoop rust te vinden. Natuur, zee, strand, rust. Geen gehaast. Maar ondertussen snelt mijn brein vooruit.

Gek word ik hier. Ik moet eruit. Lau kan nog thuis blijven, maar ik moet weg. We boeken 'all inclusive' Turkse Rivièra. We hadden bijna voor het dubbele bedrag naar Mauritius geboekt, maar die reis is gewoon te zwaar. Lau kan nog niet veel aan. En ik moet mezelf trouwens ook niet overschatten.

Ik leef op zodra er 's ochtends kaarten in de bus vallen. Veel kaarten wil ik; aandacht, steun. Voor Lennard, maar ook voor ons. Prachtige en ontroerende woorden afgewisseld met teksten die nergens op lijken te slaan. Mensen die niet weten wat ze moeten schrijven. Maar wat zou je ook eigenlijk moeten schrijven in zo'n geval? Sommigen schrijven dat met zoveel woorden en dat raakt de kern. Niet 'het gaat wel over' of 'je bent nog jong', maar 'ik weet niet wat ik moet schrijven'. Ik heb zelf ook geen flauw idee.

Mijn baas komt langs. Dat waardeer ik enorm. We drinken thee in de zon. Hij dringt erop aan om snel weer aan het werk te gaan. Ik weet niet wat ik daarmee aan moet. Er zit wat in, maar nu wil ik eerst weg. Aan werken ben ik nog niet toe, geloof ik.

Woensdag 15 september

Gisteren zijn we op het vliegtuig gestapt naar Turkije. Toch een gewaagde stap. Want wie gaat ons vertellen dat we hier niet geweldig onderuit gaan? Dat we hier niet overvallen worden door heimwee en verdriet?

Hier in Turkije merken we dat we toch geen Siamese tweeling zijn. Dat we niet meer automatisch in hetzelfde verdriet of in dezelfde energiestroom blijken te zitten. Lau is natuurlijk ook al weer weken gewend aan het thuis zitten en moet daarbij bijkomen van een operatie. Ik word van thuiszitten erg onrustig. Misschien probeer ik het verdriet weg te drukken. Ik verschuil me al snel in dingetjes doen, regelen. Ik voel een enorme onrust onder de oppervlakte. Ondertussen zoeken we hier het verdriet soms op. Lau vooral. Ze zit veel te mijmeren bij fotootjes van Lennard en wordt daar heel verdrietig van. Zo ken ik haar niet. Maar het lijkt me niet verkeerd. Ach, wat is op dit moment precies verkeerd? Eigenlijk doen we maar wat.

Vrijdag 17 september

De zon en de warmte doen ons goed. We komen tot rust, zo lijkt het. De vermoeidheid neemt af. We worden weer uitgeslapen wakker. Wel heb ik meer last van mijn rug gekregen. Misschien door het vele hangen in het ziekenhuis of het luieren op het Turkse strand.

De film draait soms terug. Het blijft heel onwerkelijk. Zo ben je maanden bezig je voor te bereiden op iets dat je leven gaat veranderen. 'Je vrouw in verwachting? Van de eerste? Nou, jongen, maak je borst maar nat. Geniet nog maar even van je vrijheid, want straks...'

En zo verandert er dus niets en zijn we nog steeds met zijn tweeën. Al onze dromen en voorstellingen opgelost in het niets. Eén week. Eén week ouder. Eén week ouders. Zo verdomd kort. Ik ben zo bang dat mijn herinneringen niet blijven hangen. Dat ze vervagen en ik straks niets meer heb om op terug te vallen. Gelukkig hebben we veel foto's en een korte video.

Maar de meeste herinneringen zijn die aan mensen. De momenten met de zusters met name. Zouden zij zich realiseren dat wij ze nooit meer vergeten? Even onvergetelijk zijn gelukkig de momenten met Lennard. Liggend op mijn buik. Steunend en kreunend vlak na zijn geboorte en veel minder levendig later. Maar toch voelde dat zo natuurlijk. Hopelijk heeft het jochie er wat aan gehad. Wat is er nou beter dan op je moeders of vaders borst te liggen? Beschermd te worden tegen de grote boze buitenwereld?

En nu, nu blijft alleen die herinnering en is er niets concreets, niets tastbaars. Geen teken van leven en geen trappelend voetje of kloppend hartje. Bijna is er helemaal niets meer. Maar wat er nog over is, koesteren we.

Weer aan het werk

Dinsdag 28 september

Vandaag ben ik voor het eerst naar het werk geweest. Een regelrechte ramp. Zo kort geleden liep ik hier nog vol overgave, vol zelfrespect en energie. En nu loop ik hier met het angstzweet tussen mijn billen. Wat doen al deze mensen hier, waar hebben ze het over? Ik voel de compassie van mijn collega's maar tegelijkertijd is er afstand en onbegrip. Geen mens kan dit begrijpen. Hoeveel jullie ook hebben meegemaakt en gezien.

Ik loop mee met de visite. Professioneel als altijd. Maar eigenlijk lukt het van geen kanten om me professioneel te gedragen. Steeds zie ik vragen om me heen, voel ik de behoefte aan contact bij de collega's, bij de verpleging vooral. Ik ga het niet uit de weg, hoewel ik merk hoe zwaar het is om erover te praten. Het zuigt me compleet leeg. Het ene moment is het prettig om mijn verhaal te vertellen, het volgende moment lopen die vriendelijke en meelevende collega's en verpleegkundigen weer weg om door te gaan met hun werk. Terwijl ik met lege handen achterblijf.

Dit ga ik niet volhouden, vrees ik. 's Avonds ga ik zwaar aan de racekak na het zien van het publieke afscheid van André Hazes. Een bizarre massahysterie, maar de dood blijft de dood, in welke hoedanigheid ook. En daar treuren we om. Een nacht van overgeven en diarree. Vast een Turks virusje. De volgende dag meld ik me ziek en lig nog een dag bij te komen.

Donderdag een nieuwe werkdag en het gaat best redelijk. Hé,

hier was ik al geweest, hier had ik mijn verhaal al gedaan. Och, een nieuwe zuster, die was er maandag niet. Beetje loslaten. 'Ja, waardeloze tijd gehad, veel verdriet, maar nu gaat het wel weer.' Niet te veel, anders ga ik weer onderuit. Al doende leer ik. De ochtend vliegt voorbij. Tussen de middag hebben we een casuïstiekbespreking met de collega-artsen. Ik groet een paar van hen.

'Sterkte, jongen'

'Goed je weer te zien.'

Dokters zijn eigenlijk ook maar horken. Een verpleegkundige pakt je eens lekker beet, een therapeut knijpt eens stevig in je arm. Maar een dokter? Een klap op de schouders kun je krijgen en wat gemompel.

Goed, de casuïstiek. Ik voel mezelf wegzakken. Natuurlijk, we moeten professioneel blijven, dit is een belangrijke bespreking. Maar waar ze het over hebben? Waarom lig ik niet weer languit op het strand in de stralende zon mijn wonden te likken? En jouw wonden, lieve Lau. Waar ben je, hoe gaat het met je? En weet je wel hoeveel ik van je houd en dat ik niet zonder je kan? Zonder Lennard kan ik ook niet trouwens.

'Mevrouw wilde ik graag aanmelden op de afdeling NAH.'

Huh? Wat, oh ja, de NAH, dat zijn wij! Da's waar ook. De NAH, klopt, we hebben nog plek. 'Meld haar maar aan.' Ik stem in, maar niet dat ik me daar ook maar enigszins van bewust ben. Na de bespreking gaat iedereen zijns weegs. Niemand zegt iets tegen me. Ik drentel wat rond. Heb behoefte aan een babbeltje of misschien wel gewoon aan wat warmte. Zal ik naar huis gaan? Ja, ik ga zo naar huis. Een vrouwelijke collega loopt achter me aan. We staan buiten, in de zon. Ze kijkt me aan, ze voelt het. We kennen elkaar al een tijdje, ze zit vol vragen.

'Gaat het wel? Stomme vraag, sorry, natuurlijk gaat het niet. Maar red je het een beetje?'

Ze stelt de goede vragen. Ik begin wat te praten. Uiteindelijk praat ik honderduit. Over de afgelopen weken, over gevoelens, over hoe het gaat. We staan een half uur te praten en ik voel me langzaam wegglijden. Zij moet door, ik ook. Maar waarmee? Ik zou het echt niet weten. Ik loop terug naar de afdeling. Bij het afslaan naar rechts lijkt het of de grond onder me vandaan trekt. Ik houd me vast aan een bank. Het zweet breekt me uit, de steen op mijn maag, zo even nog verlicht, verzwaart in alle hevigheid, ik voel krampen in mijn darmen. Ik wil weg, moet weg, en wel nu meteen. Terug naar huis, terug naar Lau. Wie kan me beschermen, vasthouden, opbeuren? Kan jij dat, lieverd?

Ik loop naar mijn kamer, pak mijn spullen en loop naar de kamer van mijn baas. Die is er niet: in bespreking. Dan loop ik door naar het secretariaat. 'Jongen, ga alsjeblieft naar huis.' Ik vraag haar mijn baas te bellen, omdat ik hem niet kan bereiken. Ik ben totaal in de war. Ik stap op mijn fiets. De tranen rollen over mijn wangen. De paniek camoufleert mijn tranen. Ik sprint de bult af naar huis. De wind giert langs mijn tranen, ze drogen aan de lucht. Ik duik de stad in. Zie niets, hoor niets. De voordeur, achter die deur daar is het goed. Ik storm de trap op. 'Lau, Lau!' Geen gehoor. Ze is niet thuis. Ik bel haar. Geen contact. Ze is vast weg met haar moeder. Ik ga op bed liggen en barst uit in een geweldige huilbui. Tegelijkertijd kom ik tot rust. Er is niemand om me heen, behalve Lennard. Dan val ik in slaap. Na een half uur word ik wakker, nat van het zweet. Ik loop naar Lennards kamertje, ga zitten en zodra ik muziek heb opgezet schiet ik weer vol. Voor de zoveelste keer schalt Annie Lennox door de boxen. De eerste noten kraken hun weg naar mijn hart. Niet met een omweg, maar hatsiekadee vorstelijk hard naar binnen. Ze doen me veel pijn en verdriet, maar zijn ook direct helend.

De telefoon gaat over. Ik pak mezelf bij elkaar. Zal Lau wel zijn. Maar het is mijn baas. Hij is zeer verontwaardigd. Waar ik ben en waarom hij van niets weet?

Ik stuntel wat met woorden, maar weet niet of het over komt. Dat het even niet ging. Als ik opleg, breek ik en zak op de grond. Er is geen begrip door gebrekkige communicatie. Het valt rauw op mijn dak. De volgende dag ga ik gewoon weer naar het werk en we bespreken het kort na. Het begrip van zijn kant lijkt te zijn gegroeid. Maar ik voel me verrekte eenzaam. Ik heb hem de afgelopen weken volledig op de hoogte gehouden, als hij het al niet begrijpt, wie dan wel? De secretaresses hebben gelukkig wel alle begrip en snappen de reactie van mijn baas allerminst. De dagen erna gaan moeizaam. Het gevoel alsof ik op een kruispunt sta. Ik wankel, struikel, dreun op mijn snufferd, zou hard weg willen lopen, maar krabbel op en haak aan, niet af. Ik ga door, hoe dan ook. Geen begrip van mijn baas? Dan niet: ik heb genoeg liefde en steun om me heen. Pijn aan mijn rug? Dan maar doorbijten en hard trainen. En ik ben sterk. Ik heb het ritme van het werk als houvast nodig. Ik ben trots op mijn doorzettingsvermogen, trots op mezelf.

‘s Avonds op de bank deel ik die trots met Laura. Zij is ook trots op mij.

Tegelijkertijd wringt er iets, want goed beschouwd weet ik niet of dit wel het moment is om mezelf op de borst te kloppen omdat ik kennelijk overeind kan blijven.

Hoe erg is het om NIET overeind te blijven? Om NIET fors te decompenseren. Hoe kan ik overeind blijven als ik zoveel verdriet en pijn voel? Hoe kan ik mijn werk goed doen? Dat kan toch helemaal niet, gewoon weer aan het werk? Ik besluit dat het wel kan en de weken erna voeg ik de daad bij het woord. Ik doe gewoon mijn werk en voel dat het me de energie geeft om door te gaan, ik krijg weer vaste grond onder mijn voeten. Alleen kost het me letterlijk de tijd die ik zou willen hebben voor Lennard en voor Lau. Ik ben aan het werk terwijl Lau thuis zit. Lennard bracht ons dichter bij elkaar dan we voor mogelijk hadden gehouden. Wat heb ik een heimwee naar die tijd. Zo hecht zal het nooit meer worden.

LAURA

Gisterochtend naar de verloskundige geweest in het kamertje waar we altijd naar het hartje hebben geluisterd. Als een diesel ging het altijd door. Voor het eerst sinds weken voel ik een diep verdriet.

Elke dag drijf je verder weg van mij, de dagen sleuren me mee. En de toekomst? Jij was mijn toekomst. Het moeder zijn was mijn toekomst. Nu moet ik weer terug naar mijn oude leventje, waar ik zo klaar mee was.

Cas is weer aan het werk, terwijl ik hier thuis zit. Ik wil niet ook van hem afdrijven, dat mag niet gebeuren. Ik heb houvast nodig, val in mijn oude ritme van het zwangerschapsverlof, onze laatste mooie weken samen. Alledaagse dingen doen, boodschappen, computeren, even slapen 's middags. Is dit verwerken? Ik heb wel vaste momenten voor jou, lieve Lennard. Zoals nu, op jouw kamertje zitten, mijn gevoelens voor jou opschrijven. En toch, ik moet aan de slag, ik wil mijn mouwen opstropen en hupsakeee, maar ik weet niet hoe…

St. Radboud, oktober

We hebben een afspraak met dokter Liem in het St. Radboud ziekenhuis over de uitslagen van de obductie. Lau haalt me op van het werk. Ik voel me vandaag ellendig, alsof iemand mijn hoofd uitperst.

Het St. Radboud ziekenhuis staat voor de dood van mijn zoon. Dit gebouw brengt ons terug naar een periode vol verdriet en pijn. Er gaat geen dag voorbij zonder dat ik eraan terugdenk. Hoewel het me elke dag opnieuw verdrietig stemt kan ik tegelijkertijd hartstochtelijk terugverlangen naar die ene week. Toen was hij er tenminste nog. In zijn bedje. Toen konden we naar Lennard toe, hem opzoeken, aanraken en voelen. Met al die goede zorg om hem heen. De verpleegkundigen waren op dat moment de liefste en belangrijkste mensen in ons leven. Ik realiseer me dat vandaag pas echt goed.

We lopen door de hal. Shit, daar heb je warempel die olifant weer! Was ik helemaal vergeten. Ik voel irritatie opkomen. Rot toch op met die olifant! Welke grappenmaker is ooit op het idee gekomen om hier zoiets neer te zetten? Laat ze de olifantenziekte hier krijgen met zijn allen! We rennen haast door de hal en slaan linksaf, die verschrikkelijke koude, kale, gure gang in. Langzaam lopen we verder terug in het leven van Lennard, iedere stap brengt hem dichterbij. Hier heeft hij bestaan, hier kennen ze hem.

Rechtsaf naar de NICU. Nee, hij is er niet, maar tegelijkertijd is-ie alomtegenwoordig. In de hoek van de gang, in de vensterbank, achter elke deur. Kijk Lau, daar heb je zuster

Laura, onze favoriet! Ik wil haar wel omhelzen, maar houd me in. Het contact is direct warm. Dat verbaast me eigenlijk, er zullen toch meer Lennards zijn op deze wereld, zou je zeggen. 'Maar jullie waren speciaal', zegt zuster Laura. Weer kan ik haar wel om de hals vliegen. Onze dankbrief met een symbolisch cadeau is kennelijk goed gevallen.

Dokter Liem neemt ons mee naar een klein kamertje met lelijke tl-verlichting, in de krochten van het St. Radboud. De ruimte is volgestouwd met boeken en tijdschriften, zijn bureau bezaaid met statussen en papierwerk. Dokter Liem neemt alle tijd. Er wordt nog bloed afgenomen bij ons beiden, dat doet hij zelf. In totaal zijn we bijna twee uur bij hem binnen. Hij blijkt een vrije middag te hebben. Kennelijk is het allemaal toch niet alledaags geweest. Dat vermoeden hadden we al, maar nu weten we het zeker.

Hier in dit grauwe oude ziekenhuis heeft Lennard Floris van Koppenhagen bestaan. En hoe. Kijk maar naar zijn medische status. Zijn naam staat erop, zijn geboortekaartje zit er in. Zijn status is dikker dan die van mij, dat is zeker. Gek genoeg vervult het ons tegelijkertijd met trots. Zo krijgt een op voorhand treurige middag een onverwachte glans. We voelen hem dicht bij ons. Moeten we vaker doen, dit soort middagen. Dat Lennard onderwerp van gesprek is en we hem volop kunnen koesteren, hem aan de borst kunnen drukken. Dichtbij. Zo zou ons leven moeten zijn.

Rijnstate, december

Pikdonker is het. Ik probeer op de klok te kijken, maar kan niet draaien. Het lukt gewoon niet. Ik wil best op mijn tanden bijten, maar mis de controle en de macht om op mijn andere zij te rollen. Mijn kamergenoot Wiebe is al in slaap. Dat zit er voor mij niet in. Ik voel te veel emoties. Alles komt samen deze dagen. Laura is alleen thuis. Die zal ook wel geen oog dicht doen. Hier in dit zelfde ziekenhuis lag zij een half jaar geleden nog; zelfde plek, zelfde pijn. Toen was er tenminste nog hoop dat Lennard het zou halen, dat-ie het zou overleven. Nu lig ik hier zonder enige hoop en met een helse pijn in mijn donder. 'Stelt niets voor zo'n rugoperatie, jongen.' Althans zo wist een bevriende orthopeed mij te verzekeren. Die heeft mooi praten. Shit, daar komt weer een misselijkheidsgolf aanzetten. Snufje te veel anesthesie gehad, denk ik. Overgeven op je rug is niet dat je zegt ideaal, maar even simpel op mijn zij rollen is onmogelijk. Er zit niets anders op dan het zo te doen: het moet er toch uit. Van de zuster krijg ik een bakje. 'Doe maar hier in.' Ze heeft haar woorden nog niet uitgesproken of ze is alweer vertrokken. Een uur later komt ze weer binnen.

'Hebben jullie al geplast?'

'Nee, ik niet, jij Wiebe?'

'Nee, ik ook niet.'

'Dat wordt catheteriseren jongens.' En ze loopt weg om de spullen te halen.

‘Wat is dat, buurman, *catherisatie*?’

‘Wiebe, jongen, dan gaan ze met een slangetje je piemel in.’

‘Wat, nee, dat niet hè?!’

De zuster kent geen genade.

‘Oh , oh ,oh, ooooooh, oooh, pfffffffffffff.’ Wiebe klinkt als een speenvarken tijdens een bevalling. Ik doe het bijna in mijn broek van het lachen. Net had-ie nog praatjes voor tien over grote knokpartijen met supporters van Ajax. Maar ook ik begin hem nu te knijpen. Kom maar snel met die slang van je, zuster! Oeh, aaah, pffff!

Het is twee dagen later als eindelijk een zuster haar huiswerk heeft gedaan. Ze heeft het dossier gelezen. De neuroloog had met dikke letters boven aan zijn brief geschreven dat we net een kind hebben verloren.

Ze komt aan mijn bed staan en zegt:

‘Tjonge, jullie hebben wel een moeilijke tijd achter de rug zeg.’

Hierna legt ze een hand op mijn arm. Mijn ogen schieten vol. Hoe simpel kan het zijn: uitspreken wat je denkt en empathie tonen. Op dat moment goud waard.

Twee weken later loop ik honderd meter. Hoera! De kerst vieren we met beide families bij elkaar. Om Lennard te eren. Mijn schoonmoeder staat samen met mijn moeder en mijn zus in de keuken. Het is gewoon gezellig. Voedsel voor de ziel. Helend. Maar toch ook intens verdrietig. We geven aan onze ouders de waxinelichtjeshouder waarin de as van Lennard verwerkt is. We delen het verdriet en dat maakt het lichter, altijd.

Niet dat ik veel kan. Vanuit mijn bed in de woonkamer een dvd-tje bekijken, dat lukt heel aardig. Hier liggend op mijn rug, met een deken tegen de winterkou, ril ik van het leven. We overleven het.

Oud en nieuw

Het is twee weken na mijn hernia-operatie. Tot veel ben ik nog niet in staat, ik moet het laten bij kleine wandelingetjes, kort zitten en lopen door het huis, maar helaas nog veel liggen. Toch besluiten we een klein feestje thuis te geven. Waarom niet? Zo zitten we nu eenmaal in elkaar, ik vooral. Een klein feestje dan. Er komt wel erg veel op Laura neer onder deze omstandigheden, maar mijn schoonmoeder helpt op alle mogelijke manieren. Laura weet inmiddels dat het altijd goed komt met die feestjes van mij. En de mensen die komen zijn onze familie en vrienden, ze weten van de hoed en de rand. Iedereen is die avond blij om er te zijn, maar ze realiseren zich ook wat voor jaar we achter de rug hebben. Ha, maar 2005 wordt ons jaar! Zegt iedereen. Wat is dat toch dat mensen dingen zeggen, het oprecht menen ook, terwijl het eigenlijk nergens op slaat?

'Jullie zijn nog jong, het komt vast goed, dit wordt jullie jaar, ik weet het zeker, ik voel het gewoon.'

Ik ga er nog bijna in geloven ook. Alsof de natuur zich iets aantrekt van onze kalender. Maar het voelt goed. Let op: 2005 wordt ons jaar!

De champagne is in de man, het vuurwerk licht de hemel op. Er valt een soort lichtheid over ons heen. Het is half twee, ik sta in de woonkamer te praten. Dan hoor ik een doffe knal in de verte, maar reageer niet direct. Stemmen op de gang, paniek. Ik strompel naar de gang. Daar ligt Lau op de grond met haar neefje boven op zich. Ik schrik me dood. De wereld staat even stil.

Gelukkig, ze beweegt. En praat. Haar neefje vertoont ook tekenen van leven: hij huilt, dat lijkt me goed. Die mankeert niets. Dan buig ik me over Lau. Au, een felle steek in mijn rug. Een vriend is er bij, gelukkig een fitte dokter in de zaal. Lau brabbelt me iets te veel. We krabbelen haar overeind. Ze heeft veel hoofdpijn, zegt ze. Ze moet huilen van de pijn, van de schrik, maar dat lijkt me normaal. Ze beseft niet goed wat er gebeurd is, lijkt het. Een doembeeld spookt door mijn hoofd. Ik zie ons al de hele nacht op de eerste hulp zitten. Dit is een hersenschudding. Als het maar geen hersenkneuzing is, daar hebben we in het revalidatiecentrum hele afdelingen vol van. We brengen haar naar boven. Boven op onze slaapkamer barst Lau in tranen uit; haar moeder en zus zijn erbij. Ze huilt aan een stuk door. Intens verdriet. 'Het doet zo'n pijn. Hoe is het met Noah, hoe is het verdomme met Noah?! Het doet zo'n pijn, ik wil naar hem toe. Ik wil naar je toe Lennard!'

Ik loop naar beneden en wil de anderen vertellen dat het over is, het feestje. Iedereen hoort en voelt de intense pijn van het moederverdriet. Een vriendin is totaal over haar toeren. Ze heeft voor haar ogen de doodsangst van iedere moeder gezien. Van de trap vallen met een kind. Ze zag het gebeuren en kon niets doen. Een slechte film in slow motion. Er zijn genoeg lieve mensen om haar te troosten. De rest is naarstig aan het opruimen en bezorgd over Lau. Ik denk dat het wel meevalt, maar allerlei klotegedachten spelen door mijn hoofd. Doemdenkerij. De mensen vertrekken. Lau is absoluut niet helder, maar we weten niet of het van de klap op haar hoofd is, van de schrik, van de alcohol of van een combinatie. We hebben doktersoverleg op de gang met een vriend en mijn schoonvader. Ik besluit haar om het uur te wekken en te checken. Als ik het niet vertrouw pakken we een taxi naar het ziekenhuis. Ik kruip in bed bij Lau. Ze zegt dat haar hoofdpijn toeneemt en ze begint weer te mijmeren:

'Ik wil naar Lennard, ik heb er geen zin meer in, dit is het einde. Ik wil naar hem toe.' Ik voel me eenzamer dan ooit, liggend in bed met mijn vrouw in mijn armen. Dit was 2004, 2005 zou ons jaar worden. Wat een klotebegin. Ik voel me klein, kwetsbaar en hulpeloos. Eenzaam tot in mijn tenen. Fysiek naar de kloten en mentaal compleet gebroken. Dit kan een mens toch niet aan? Langzaam voel ik Laura wegzakken en tot rust komen. Ze valt in slaap. Ik ben kapot, maar wil het eerste uur niet slapen. Dat lukt ook niet. Ik wek haar, ze is alert en valt snel weer in slaap. Gelukkig, het brabbelen is afgelopen. Zoals ik het heb geleerd tijdens mijn opleiding controleer ik haar die nacht nog een paar keer en Laura is die nacht telkens keurig georiënteerd in tijd, plaats en persoon. Dat geldt alleen niet voor mij, geloof ik.

De volgende dag gaat het gelukkig een stuk beter. We draaien de film met zijn allen nog eens af en realiseren ons dat het nog veel erger had kunnen aflopen. Mijn moeder zegt dat Laura's valpartij vast slechter was afgelopen als het nog 2004 was geweest. Zit misschien wat in. Deze dagen houd ik me vast aan dit soort uitspraken. Als ze maar ten gunste van ons zijn.

Mijn rug is naar de klote, Lau heeft pijn in haar hoofd, maar 2005 wordt ons jaar!

Klaar

We waren er klaar voor. Muren geverfd, gaten gestuukt, kasten gekocht, laden ingeruimd. Lijstjes aan de muur, knuffels te over, gordijnen uitgezocht en opgehangen. Kaartjes, enveloppen, al geschreven.

Klaar voor het leven, voor iets nieuws, voor verandering. Klaar voor jouw leven. Kinderen krijgen is zo iets moois. Dat hoorden we tenminste van iedereen om ons heen en we hadden er dan ook alle vertrouwen in.

We hebben eraan geroken. Meer niet. Zorgen voor een heel leven in één week. Op video vastgelegd, op foto's, op schrift. Maar herinneringen vervagen. Hardnekkig proberen we ze vast te houden. Soms voelt het als het hier en nu en schrik ik van de echtheid van de foto's of van die enkele video. Maar vaak ook krijg ik het idee dat het al tijden achter ons ligt.

In hemelsnaam, zeg me dat het een droom was. Dit bestaat niet. Zijn we dan negen maanden gek geweest, hebben we onze kop in het zand gestoken en niet om ons heen gekeken? Hebben we ons blind gestaard op andermans geluk en niet gezien dat wij dat niet zouden krijgen? Was onze verwachting niet reëel? Zien jullie dan niet dat het een wonder is? Maar dan wel een zichzelf zo vaak repeterend wonder dat je geen rekening houdt met de grillen van de natuur.

Het gat is groot. De leegte immens. De stilte oorverdovend. De kou vernietigend.

We houden vol. Maar missen je. We missen je zo enorm. We willen je koesteren, vasthouden. Nog even. Nog één keer.

We verlangen terug naar het kamertje in het ziekenhuis. Het bed van Lau, het opklapbed, een paar kaartjes aan de muur, het rolscherm, de in- en uitlopende zusters. Toen was jij er nog. Toen was het nog compleet. Dat was jouw leven. Dat was ons leven. Alles beter dan dit.

Simon Koen van Koppenhagen

Maart 2005

Hoewel we het antwoord al lang en breed hebben gegeven, worden we compleet overvallen door de vraag. Natuurlijk was het Laura die hem stelde: ‘Zal ik weer stoppen met de pil?’

Ja, we zijn er aan toe. Nog niet het minste spoortje schuld of twijfel. We willen een kindje, ondanks alles. Want de cijfers liegen er niet om: waarschijnlijk is er een kans van één op vier op herhaling van de tragedie. Dat is een allemachtig grote kans. En toch brengt de hoop ons op andere gedachten. Vanzelfsprekend klampen we ons vast aan het woord ‘waarschijnlijk’. Er bestaat immers een kans van drie op vier dat het goed gaat. En zeg nou zelf, we hebben die andere 25 procent al achter de rug.

Weten we het zeker? Nee, maar waar we zo langzamerhand wel van zijn doordrongen is dat we een gezond kindje willen. En dat we langer dan zeven dagen ouders willen blijven.

Begin april

Laura staat op het toilet en roept dat ze een zwangerschapstest wil doen. Ze voelt zich al enkele dagen anders.

'Maar we hebben het toch helemaal niet op de dag van de ovulatie gedaan?'

'Ik weet het niet.'

We zijn er ieder geval nog helemaal niet concreet mee bezig geweest, behalve met het uitspreken van de wens. Dat zou de pret van het vrijen, die we gelukkig bijna de hele rouwtijd ondanks alles hebben gehad, alleen maar bederven.

Er klinkt geschreeuw vanuit de gang. Licht geïrriteerd kom ik vanachter mijn krant vandaan. Hoe vaak stond ze twee jaar geleden niet met die staafjes in haar handen zonder dat er ook maar iets gebeurde?

Op de wc neem ik het staafje over. Verdomd, het ding verkleurt.

'Maar dat is toch als je juist niet zwanger bent? Waar is die beschrijving? Nee, Lau, het klopt niet. Laat me eens lezen...'

Het volgende moment staat mijn wereld stil en word ik meegesleept in een onbedaarlijke huilbui. Lau weet niet wat me overkomt. Zij is dolblij, maar ik ben ineens intens verdrietig. Alles komt samen. Ik kan dit niet aan. Zwanger, nu? En Lennard dan? En ik dan? Ik ben net aangehaakt op het werk, met mijn rug gaat het goed. Eigenlijk wil ik voorlopig alleen maar rust.

Even later zie ik door mijn tranen heen hoe Laura staat te stralen en word ik plotseling overvallen door een gevoel van groot geluk. We kunnen weer vooruit kijken, er is weer hoop. Nieuw leven, hoe dan ook en dat biedt nieuwe kansen.

Ik drink een borrel en we laten onze gevoelens de vrije loop. Lennard krijgt een zusje. Want natuurlijk is het een meisje! Laura is in verwachting van een kerngezonde baby, een wolk van een dochter en daar moeten we ons aan vasthouden. Of het een toekomstdroom is of niet.

Dat wil niet zeggen dat de gedachte dat het net zo goed een jongetje zou kunnen zijn niet af en toe bij me opkomt. Dan ben ik enorm verdrietig en onrustig. Laura niet, die vertrouwt op zichzelf en op de natuur. Ze is een en al rust.

Zaterdag 4 juni

Ik kan niet slapen de laatste dagen. Mijn lijf giert 's nachts van de onrust. Terwijl ik overdag zo rustig lijk. Dan ben ik vol overgave aan het werk. Waarom lig ik nu te piekeren? Morgen moet ik weer fit en scherp zijn. Dan maar even wat zieleroerselen wegtikken.

Lau is nu twaalf weken zwanger. Eerst was het totaal onwerkelijk, zo'n streepje op het schermpje. 'Welnee joh, je bent helemaal niet zwanger; dat lijkt maar zo.' Welnu, ontkennen heeft geen zin, want intussen zijn we twee maanden en vijf bezoeken aan de gynaecoloog verder. We voelen veel emotie, veel stress en kunnen er nog maar bar weinig van genieten. Er is een berg aan onzekerheid, maar we moeten het gewoon afwachten. Soms is het zo ver weg, soms lijkt het helemaal vergeten. Dat is dan het voordeel van mijn werk. Dat merken we allebei. Maar de laatste week valt er niet langer aan te ontkomen. Lau's buik groeit gestaag, de hormonen doen hun werk. En, nog belangrijker, we hebben een mensje gezien op de echo! Met alles erop en eraan. Net als bij Lennard. En dat voelt raar en tegelijkertijd beangstigend. Maar toch vooral ook droevig. We missen Lennard. Zodra Lau jongetjes van zijn leeftijd ziet moet ze onbedaarlijk huilen. De omgeving lijkt met onze emoties te spelen. Ik ben deze week een paar keer geconfronteerd met ons hele verhaal. Mensen die het vergeten zijn of mensen die onbedoeld verdomd lullige opmerkingen maken. 'Heb je geen kinderen? Ach dat komt nog wel, joh, doe maar rustig aan hoor.' Op die momenten voel ik me de eenzaamste mens op de wereld. Alleen Laura is in staat mijn gevoelens te begrijpen. En verdomd, nu is ze gewoon weer zwanger! Ze houdt zich goed. Ze heeft wat kwaaltjes, voelt haar lichaam veranderen en raakt meer gefocust.

Het is nog acht weken tot de grote echo die ze bij twintig weken maken. Dan zal een specialist-echografist een uitgebreide echo verrichten. Verder hebben we deze week geslachtsbepaling via het bloed laten verrichten. Omdat Lennard mogelijk een X-gebonden afwijking lijkt te hebben gehad en jongetjes dus het syndroom zouden kunnen krijgen, met een kans van 50 procent. We moeten wachten op de uitslag. Het voelt heel dubbel. Eigenlijk wil ik het helemaal niet weten. Ik wil niet blij zijn met een meisje. Een zoon wil ik, sterker nog, ik wil Lennard! En daarbij, hoe kan ik nou blij zijn met een dochter en teleurgesteld met een zoon? Ook als Lau uitspreekt dat ze vurig hoopt op een meisje, word ik verdrietig. Terwijl ze natuurlijk groot gelijk heeft. Meisjes worden gezond en groot en lief en leuk. Maar een jongen kan ook groot worden en lief en leuk, als-ie geluk heeft tenminste.

Het nieuws

Tijdens een patiëntenbespreking gaat de telefoon. Ik hoor het direct aan haar stem.

'Dijkhuizen belde net: het is een jongetje Cas!'

Laura's woorden gaan verloren in een huilbui.

'Rustig nou, hij kan toch gewoon gezond zijn? We hebben vast geluk.'

Maar Lau is niet te troosten en wordt door een collega naar huis gebracht. Ze pikken mij op van mijn werk. Thuis huilen we allebei, maar voor Laura valt het doek zwaarder en harder. Hier had ze kennelijk totaal geen rekening mee gehouden. Ik wel, maar toch.

Simon Koen noemen we onze jongen. Simon Koen van Koppenhagen is vandaag weer een stap verder in ons leven gekomen.

Echoarm

Al weken leven we toe naar deze datum. Vorige week hebben we de echo-specialist ontmoet, de beste uit de regio. Een rustige en bedachtzame man, die mij met een echootje uit de losse pols bij ons eerste contact de indruk geeft dat hij weet waar hij het over heeft.

We worden binnengeroepen. Er is ook een collega-gynaecologe bij het gesprek. De arts zegt niet veel. Er valt ook niet veel te zeggen. Geruststellen is niet aan de orde. Hij weet hoe onzeker wij zijn en dat geldt vermoedelijk voor de man zelf ook een beetje. Alle afwijkingen heeft hij wel eens voorbij zien komen, terwijl hij er ook wel eens een paar heeft gemist op een twintig weken echo, vertelde hij ons vorige week. Vóór hij aan het onderzoek begint, laat hij opnieuw doorschemeren dat hij straks waarschijnlijk niets kan bevestigen of uitsluiten. Dat lukt waarschijnlijk pas na dertig weken en dan houdt hij nog de nodige slagen om de arm.

Laura ligt op de onderzoeksbank en verandert in één klap van een zelfverzekerde jonge vrouw in een onzeker meisje. Ze is volledig overgeleverd aan deze dokter. De gynaecoloog begint en legt in korte zinnen uit aan zijn collega waar hij naar kijkt. Even later blijft hij hangen bij een zwarte opheldering op het scherm. 'Echoarm', zegt hij. Hij praat wat zachter tegen zijn collega, ik kan het nauwelijks volgen. Het volgende moment zie ik een schaduw over het gezicht van de collega-specialist vallen; de trekken rond haar mondhoeken worden plotseling hard. Onze blikken kruisen elkaar. Schichtig schieten haar ogen terug naar het echobeeld.

En hij mag dan stoïcijns overkomen maar nu zie ik duidelijk hoe ook de echo-specialist zelf steeds zorgelijker begint te kijken. Het zweet breekt hem uit, zo lijkt het. Mij overkomt precies hetzelfde, terwijl Lau nog niet veel in de gaten lijkt te hebben. Wat zie je nou als leek op dat schermpje? Een grote wolkenmassa, meer niet. Maar 'echoarm', dat zegt me dus wel wat. Dat betekent dat hij een donkere vlek ziet op het scherm waar het licht hoort te zijn. De echospecialist bekijkt het linksom, rechtsom, van onderen, van boven, maar de vlek blijft. Hij rukt zijn jasje open. En zoekt verder. Na anderhalf uur (!) in plaats van de geplande twintig minuten, draait hij zich naar ons om:

'Het heeft er alle schijn van dat hij een *corpus callosum agenesie* heeft. Dat is de verbinding tussen de hersenen die jullie zoontje ook miste. En over zijn hart en zijn geslachtsdeel twijfel ik ook. Ook de oren lijken mij niet normaal.'

De boodschap dringt nog niet meteen tot ons door. Het lijkt of het nog bij het slechte verhaal van Lennard hoort, niet bij Simon. Dan begint Lau zachtjes te huilen.

Even later volgt een hartgrondig 'godverdomme' van ons allebei afzonderlijk, bijna tegelijk. Gelukkig zijn er geen gelovigen in deze kamer. Anders was die er ter plekke wel van afgevallen, van dat geloof.

De echo-specialist zegt dat hij om meer zekerheid te krijgen een *second opinion* wil van een collega uit het St. Radboud; die doet alleen maar prenatale echo's. Volgende week vrijdag, 12 augustus, worden we daar verwacht.

Het weekend is zwart, pikzwart. Hoop heb ik niet meer, mijn

ratio overheerst. Simon heeft afwijkende hersenen. Met een hartafwijking. Plus een afwijkende penis. Dat had Lennard ook, onder andere. En die had een syndroom waar je dood aan gaat. Als jongen is die kans bij Simon bij voorbaat al 50 procent. Al onze hoop, die, hoe voorzichtig ook, wel degelijk levend was en ons al die tijd op de been hield, smelt als sneeuw voor de zon. We kunnen dit weekend niemand zien of spreken. Voor ons houdt het leven even op. Medisch gezien valt misschien nog geen honderd procent zekerheid te geven, maar hoeveel zekerheid hebben we nog nodig?

De echo blijft maar nagalmen en maakt ons arm.

LAURA

Zondag 7 augustus

Onze tweede zoon heet Simon Koen. Ik ben nu alweer trots op hem. Als je de echo ziet, met zijn handjes en voetjes en beentjes en zijn gezichtje dan houd ik alweer zoveel van hem. Ook als hij in mijn buik aan het trappelen is. Ik kon hem goed voelen afgelopen vrijdag. Hij was echt onrustig. Gisteren was het een stuk minder. Ik wil wel proberen hem positieve gedachten te blijven geven en hem niet nu al opgeven. Tot vrijdagmiddag was het heerlijk om hem te voelen bewegen en schoppen, nu is het zo dubbel. Ondanks alles wil ik een beetje hoop houden. Stiekem. Het is zo anders dan bij Lennard. Die was aan het lijden en dan wil je dat het ophoudt. Maar Simon heeft het nu toch goed bij mij? Voor hem hoeft het nog niet afgelopen te zijn. Ik voel veel rust bij het afscheid van Lennard. Maar voor Simon ligt dat anders.

Ik weet ook niet zeker of de zwangerschap afgebroken wordt. Ik houd overal rekening mee. Dat heb ik wel geleerd de afgelopen tijd. De artsen hebben ons sinds 25 augustus 2004 zelden goed nieuws gegeven. Ja, dat ik weer zwanger was en dat we het hartje van Simon hoorden kloppen. Dat de behandeling van Lennard gestopt mocht worden. Het is maar wat je goed nieuws noemt. Dat het lijden van je zoon mag stoppen? Dat je voor altijd afscheid moet nemen van je zoon? Hem na een week alweer los moet laten? En nu is dat allemaal weer anders. Weer wachten, onzekerheid, weinig hoop en slechte prognoses.

Donderdag 11 augustus

Vandaag is de second opinion in het St. Radboud ziekenhuis. Ik groet de olifant in de hal. Onding. Met zijn slurf en die flaporen. De lange gang blijft kaal, koud en lang, maar ergens waart Lennard nog rond. We moeten in het nieuwe gebouw zijn, maar lopen voorbij de oude afdeling neonatologie. Die wordt gesloopt en is afgeplakt. Toch lopen we zonder overleg de gang in en Lau vindt een gaatje in de dichtgeplakte ramen. Er is niets van de afdeling over, maar we voelen Lennard, dichtbij.

De echospecialist uit Arnhem en zijn collega herhalen de echo, driedimensionaal nu. We sterven duizend doden, houden rekening met het ergste, maar leren ondertussen onze zoon kennen. Op deze fraaie echobeelden is het gewoon een bijzonder knaapje. Met alles erop en eraan. Bijna alles dan.

De beelden geven de bevestiging dat Simon hetzelfde heeft als Lennard. Althans dat is het vermoeden, 'want zeker weten doen we het natuurlijk nooit'. Ook niet nadat hij geboren is. Omdat de artsen simpelweg niet weten wat het syndroom van Lennard is. Maar hij heeft zeker een afwijking in de hersenen, aan zijn voeten, zijn oren, aan het genitaal en zeer waarschijnlijk aan het hart. Dat is op zichzelf al zeldzaam en deze afwijkingen had Lennard ook. Naast het feit dat men denkt dat het syndroom van Lennard geslachtsgebonden overerft, dat wil zeggen van moeder op zoon wordt overgedragen, maakt dat het vrijwel zeker is dat Simon het syndroom ook heeft. We weten dat zijn broer Lennard en zijn oom Alexander het geen van beiden overleefd hebben en dat er maar één jongen voorkomt in de hele tak van

Laura's moeder. Dat maakt de kans heel klein dat Simon wel levensvatbaar zou zijn.

Als we dit in de tiende week hadden geweten, dan hadden we de zwangerschap afgebroken. Geen twijfel aan. Want het is natuurlijk niet alleen de afwijking in de hersenen, de tenen, het hart of zijn geslacht. Het is veel meer. Lennard was te zwak. Een harde buik trok hij al nauwelijks aan het einde van de zwangerschap, waarschijnlijk was hij zonder ingreep al in Laura's buik overleden, de keizersnede leverde zoveel problemen op dat hij fors is gaan bloeden en een hartstilstand kreeg.

Als artsen willen we altijd een sluitende diagnose hebben. Dokter Liem schreef hier vier kantjes over in zijn dossier, maar hij zei ook in ons gesprek:

Kinderen met een dergelijk syndroom hebben gewoon weinig bij te zetten. Nu was het de geboorte die hem parten speelde, los van alle problemen die hem nog te wachten stonden met operaties, epilepsie en zeer diepe zwakzinnigheid. Hadden we hem eerder gehaald dan had hij onherroepelijk andere problemen, een bloeding, een infectie, gekregen waar hij aan overleden was. Kinderen met dit soort syndromen zijn eenvoudig meestal te zwak om te overleven.

Die uitspraak is blijven hangen en maakt het heel gemakkelijk te aanvaarden dat Lennard overleden is. Hij kon het niet zelf.

Dit alles weten we nu niet bij Simon. En ondertussen lijkt hij heel beweeglijk en, verdorie, is op een echo gewoon een lekker knulletje te zien. We weten niet hoe zwakzinnig hij wordt, we weten evenmin of hij kan overleven. Misschien is het allemaal wel lichter bij hem, misschien valt het wel mee. En wie zijn wij dan om het nu af te breken? Willen we ons het leed besparen van een gehandicapt kind? Past dat niet in ons perfecte leventje? We leven toch in die maakbare samenleving? 'Sorry, maar een gehandicapt kind, dat komt even niet uit, dokter.' Over dit soort vragen hoeven we niet lang na te denken. Als het zo uitkomt dat wij een gehandicapt kind krijgen, aanvaarden we alle consequenties van de extra zorg. Maar als het te vermijden is, als het niet gaat om een kind met 'alleen' een handicap, maar om een kind met een heel beperkte levensverwachting vol ellende, als dat leed Simon bespaard kan worden, dan moeten we onze verantwoordelijkheid nemen. Voor hem.

Een uitspraak van een studievriendin over haar diepzwakzinnige zusje zweeft de hele dag door mijn hoofd.

Het slechtste dat mijn ouders hebben gedaan was haar in leven houden. Voor haar, voor henzelf en voor ons gezin. Het heeft veel kapot gemaakt in ons gezin.

Een eerlijke, maar ook discutabele opmerking natuurlijk. Ik ken de families en de dilemma's uit mijn werk in de revalidatie. De liefde voor het kind. Maar ook de strijd, de last, de wroeging, de verantwoording. En altijd die nimmer aflatende zorg. Dit willen we hem besparen. Uit liefde voor Simon. Uit liefde voor het leven.

LAURA

Vrijdag 12 augustus

Gisteren in Nijmegen het tweede echo onderzoek. In het nagesprek deed de echospecialist, na enig aandringen van mijn kant, de uitspraak dat als het kindje een jongetje met de gevonden afwijkingen is, het vrijwel zeker is dat hij het zelfde syndroom heeft als Lennard. Hij zei letterlijk: 'Dan is 1 plus 1 dus 2.' Ik werd erg rustig, vond het duidelijk en helder. Ik had nog een advies verwacht van afbreken of niet, maar dat laten de artsen aan ons over. Vind ik ook niet erg. Ik weet genoeg. Ik voel dezelfde duidelijkheid als bij Lennard. Eigenlijk geen twijfel. Het is zo'n vreemde ervaring dat ik over het lot van ons kindje beslis en daar eigenlijk geen twijfel over heb. Dan weet ik dat ik mijn gevoel volg en dat het goed is, dat het de juiste beslissing zal zijn.

Ook al weet ik het zeker, ik ben wel bang. Bang voor wat komen gaat. Voor mijn gevoel van het moment dat het daadwerkelijk gebeurt, dat Simon zal overlijden. Door ons toedoen. Bij Lennard wilde ik ook dat het afgelopen was, dat hij niet meer hoefde te lijden. Wat een rust voelde ik bij hem.

En toch, toen het moment daar was, vond ik het ondraaglijk, onmenselijk om hem van de zuurstof te halen. Hoe zal dat zijn bij Simon? Nu lijdt hij nog niet. Hij is juist lekker druk in mijn buik.

Wanneer is een leven menswaardig? Geen idee, ik kan dat niet voor een ander beslissen. Ook niet voor mijn eigen kind. Het enige dat ik zeker weet is dat ik niet wil dat mijn kind een uitzichtloos bestaan zal hebben. Ja, dat beslissen Cas en ik en wij hebben de kracht gekregen om dat te beslissen en nu ook helaas het lot.

Ik ben 22 weken zwanger.

Zaterdag 13 augustus

Gisteren heb ik echt een verschrikkelijke dag gehad. Slopende en verwarrende gesprekken met familie en vrienden. De les van vorig jaar komt weer in volle hevigheid naar boven. We betrekken onze naasten graag in ons leven. Maar het kost allemaal zoveel energie, terwijl anderen ons alleen maar energie zouden moeten geven. En dat is moeilijk genoeg. Zij zitten met hun eigen verdriet, vragen en ideeën. 'Waarom ga je niet wandelen, naar het strand of fietsen?' Allemaal goed bedoeld. Maar, *we have been there guys!*

Het is ook heel moeilijk iemand toe te laten in onze keuze. Wij hebben de informatie, wij hebben het gevoel, wij hebben Lennard gezien, wij weten wat Alexander, Laura's broertje, waarschijnlijk heeft doorgemaakt. Wij weten het en niemand anders. En wij weten wat de toekomst kan zijn van Simon. Die gun je niemand. We moeten in onze keuze alleen maar rekening houden met Simon en de volledige verantwoordelijkheid voor hem nemen. Dat is onze taak als ouder.

Houden van is geven wat de ander nodig heeft.

Het enige dat wij kunnen doen is proberen hem een ellendige toekomst te besparen door de zwangerschap af te breken. Hoe onmenselijk en ongelooflijk ook. Maar hiervoor weglopen, de zwangerschap voort laten bestaan en op die manier een nieuw rampscenario in de hand werken is nog veel erger. We hadden het kunnen voorkomen, maar we deden niets. We keken de andere kant op. Bang om een onvergeeflijke fout te maken. Bang voor reacties van anderen.

Bang om later tot andere inzichten te komen. Bang om het niet te overleven.

Hoezo? Samen komen we hier hoe dan ook doorheen, zoals we ook samen deze beslissing nemen. We kunnen altijd op elkaar terugvallen, bijvoorbeeld als een van ons zich afvraagt of Simon het toch zou kunnen halen. Die twijfel zal er altijd zijn. Maar moeten we toch doorzetten en van het beste uitgaan om er later achter te komen dat ook Simon ondraaglijk lijden te wachten staat en na een ellendige strijd zal overlijden? Niet dus. We gaan de zwangerschap afbreken: Laura gaat bevallen van Simon.

We weten door de schade en schande van vorig jaar, dat regelmaat noodzakelijk is. Eten, slapen en praten. Al staat mijn hoofd er niet naar en draait mijn maag zich om. Hoe kan ik me nou in godsnaam druk maken over zoiets banaals als eten? Maar als ik met aandacht de maaltijd bereid, knap ik daar wel degelijk van op. Een pure bevrediging van behoeftes, gewoon een neurohormonale regulatie. Ik zap langs de velden op de tv. Studio Sport. Slap gelul over voetbal, ik doe niets liever.

Slapen moeten we, desnoods met slaappillen. Ik red het net. De comic van Calvin en Hobbes blijkt een prima slaapmutsje. Even grinniken, lachen en vertederd raken om dat grappige ventje en dan inslapen. Hooguit een uur of twee. Dan begint het woelen, draaien, denken en piekeren. Soms zijn de gedachten helder - *hé, dat moet ik opschrijven* - maar vaak ook onzinnig en in steeds kleinere cirkels. Soms neem ik dan een slaappil en houd het vol tot die uitgewerkt is. Daarna begint alles van voren af aan.

Ach, laat ik maar opstaan. Ik heb vandaag geen doel, dus ik weet dat ik 's middags misschien een tukkie kan doen. Maar doe ik dat en word ik wakker, dan slaat de depressie toe. Wat een klotegevoel is dat. Mijn hoofd zit vol watten, mijn ogen worden uit mijn schedel gedrukt, mijn rug en mijn armen doen pijn, eigenlijk wil ik nog blijven liggen, maar dan wordt het nog erger en lig ik 's avonds weer te staren. En verder? Ik ga maar weer wandelen. Het vermindert de pijn in mijn rug, bezorgt me een aangenaam soort vermoeidheid in de benen en biedt ruimte om mijn gedachten te ordenen. Bovendien levert het frisheid op: verandering van omgeving. Op andere momenten staat het me geweldig tegen, dat godvergeten gewandel. Alsof ik zo langzamerhand nog niet genoeg heb gewandeld: voor mijn rug en voor Lennard...

Moet ik weer gaan werken? Deze week heb ik het redelijk volgehouden, maar het voelde niet goed. Niet geconcentreerd, niet bij machte van de ene naar de andere situatie over te schakelen en mijn aandacht over verschillende mensen te verdelen. Natuurlijk, als de patiënten eenmaal voor me zitten, doe ik alsof er niets aan de hand is. Maar tegelijkertijd voelt het dan zo slecht, zo banaal om gewoon te werken en niet bezig te zijn met Simon. Alsof ik ervoor wegloop. Terwijl Laura thuis zit en andere dingen meemaakt. Terwijl ik haar op zulke momenten niet kan beschermen. En zij mij evenmin. De verhoudingen worden er niet bepaald beter op. Ik kom moe thuis, met mijn eigen beslommeringen en alles wat ik overdag heb meegemaakt en aangehoord. Veel leed van de patiënten. Zo doe ik nou eenmaal mijn werk. Ik geef, en neem tegelijkertijd hun verdriet mee.

Na Lennards overlijden voelde het goed om het verdriet om te zetten in iets positiefs op mijn werk. Ik begrijp iets van de pijn die patiënten, hun familie en vrienden doorstaan.

Omdat ik het zelf ook heb meegemaakt. Maar nu vind ik het allemaal wel best. Maandag kan ik gaan werken, maar dan hebben we gesprekken met maatschappelijk werk, de gynaecoloog en vooral met onszelf. Ik kan het werk als afleiding beschouwen, maar dat is het niet meer; het zit me voornamelijk in de weg. De beslissing is zo bepalend voor onze levensloop dat we het alle aandacht moeten geven. Ik meld me dan ook af voor de komende week.

LAURA

Zaterdag 13 augustus

Cas en ik ontbijten samen, lezen de krant, vanochtend film afgekeken, Aviator: vond er niet veel aan. Dan douchen en wandelen. Eerst voelde ik me leeg, somber en verslagen maar na de wandeling kwam ik fris weer thuis. Zelfs nog even in het zonnetje gelegen. Toch, eenmaal opgeknapt, is dat ook onwerkelijk. Ik probeer te genieten als Simon in mijn buik beweegt, maar dat is moeilijk. Mijn lieve vent, ik ben zo trots om mijn zonen. Wat jammer dat ik ze niet beter kan leren kennen.

De dagen kruipen voorbij. 's Ochtends weet ik niet goed hoe ik de dag moet doorkomen terwijl ik er 's middags van baal dat er alweer een dag van mijn zwangerschap voorbijgaat. Het is moeilijk en eigenlijk niet te doen maar we zetten weer de ene voet voor de andere.

En wat staat ons nog te wachten? Aan de ene kant wil ik weten waar we aan toe zijn. Wanneer moeten we ons melden in het ziekenhuis? Aan de andere kant: HELP, hoe ga ik dat doen: mijn zwangerschap laten afbreken. Hoe voel ik me daarna, kan ik daarmee leven, hoe moet ik daarmee leven?

Ik voel dat het de goede beslissing is.

Zondag 14 augustus

Op dit moment gaat het wat beter dan gisteren. Net even gesport: verstand op nul, weg van de pijn. Ik zak ongetwijfeld weer terug, maar dan toch naar een iets hoger basisniveau. Vanochtend hebben we lang gesproken met mijn schoonvader. We zoeken steun bij iemand die het verhaal kent, ervaringsdeskundige is, als arts het overzicht kan bewaren en onze gevoelens kan duiden.

Een emotionele ontmoeting. We zien en voelen heel veel oude pijn bij mijn schoonvader, dertig jaar na dato. Afbreken van de zwangerschap lijkt hem het juiste besluit. Terwijl hij het zegt, knippert hij met zijn ogen. Hij zit volledig op één lijn met ons en dat doet ons goed. We kunnen ook maar één kant op.

Daarna bel ik met twee vrienden. Daar was ik de afgelopen dagen niet toe in staat. Ook met hen spreek ik langer en intenser dan ik had verwacht. Ze kunnen natuurlijk niet veel zeggen, maar ze luisteren goed en gebruiken de juiste woorden. Dat is enorm waardevol in deze heftige dagen. Ze zijn niet voor niets allebei arts. Daar heb ik zelf ook veel baat bij. Geen idee hoe een leek alle voors en tegens zou kunnen afwegen.

Maandag 15 augustus

Vandaag een extreem slechte dag. Het begint al goed. Ik sta weer net na zessen op, dat begint standaard te worden. Hapje eten, kopje thee, krant lezen. Ik snel de koppen en blader vlug door naar het sportkatern. De voorbereiding op het voetbalseizoen is in volle gang. Zouden we dan dit jaar eindelijk kampioen worden daar in Rotterdam? Met Kuyt en Kalou in de spits moet het toch een keer lukken?

Plotseling leef ik op. Ik begin me haast af te vragen waarom ik niet even naar het werk ga. Meteen bel ik mijn directe collega. Ze heeft nog niet opgenomen of ik voel een steek. Meteen daarop valt een grauwe sluier over me heen. Alsof een onzichtbare hand me naar beneden drukt. Ik praat haar bij over de laatste stand van zaken. Na het telefoongesprek voel ik alle energie wegstromen. Daarna bel ik de gynaecoloog, de bedrijfsarts en de afdeling personeel en organisatie van mijn werk.

De gynaecoloog haalt me uit mijn evenwicht door te vragen of we de zaak wel helemaal goed hebben overdacht. Hij moet dit vragen, weet ik: protocol. Maar de vraag komt hard aan en de twijfel slaat toe. Zou het niet mee kunnen vallen, kiezen we niet te vroeg? Gaan we niet te veel uit van een doemscenario; zijn we niet positief genoeg? Zijn we egoïstisch; hoe kunnen we dit in godsnaam doen? Toch is er maar één antwoord. We weten dondersgoed dat Simon geen kans heeft. Onze keuze is duidelijk, maar mijn hemel, wat wordt het moeilijk nu we al een relatie met hem hebben opgebouwd. En dan vooral Laura, want hij laat zich zo veel en zo vaak voelen. Wie denken we wel dat we zijn?

LAURA

Maandag 15 augustus, zes uur 's ochtends

Het uur van de waarheid komt dichterbij: vanmiddag gaan we naar de maatschappelijk werkster in Nijmegen. Morgen naar Dijkhuizen. Hij weet inmiddels dat we de zwangerschap willen afbreken. Dat gaat deze week gebeuren. Het moeilijkste wat ik ooit zal moeten doen. Ik zie er huizenhoog tegenop.

Gisteren een beetje doorgesukkeld. Met mijn ouders naar het Oogstfeest in Elden geweest (klompendans en manden vlechten...). Goede afleiding. 's Avonds Studio Sport op Talpa gekeken (eerste uitzending ooit) en Zomergasten met Maria Goos. Vanochtend is Charlotte langs geweest: fijn gesprek en in de stad geluncht.

Vanmiddag naar Nijmegen, een gesprek met de maatschappelijk werkster. Duurde tweeënhalf uur. Een gestructureerd gesprek, daar houd ik van. Eerst bijgepraat over de afgelopen periode, hoe wij tot onze beslissing zijn gekomen. De maatschappelijk werkster vertelt uitgebreid hoe de dag tijdens het afbreken zal verlopen. Het geeft meer duidelijkheid. Het is soms steunend te horen dat we niks over het hoofd hebben gezien en zij vindt dat we een overwogen keuze hebben gemaakt.

De woorden van de maatschappelijk werkster 'jullie laten weer los uit liefde en jullie keuze klinkt weloverwogen' bevestigen dat we op de goede weg zitten. Hoewel... op het moment dat ik het denk, begin ik alweer te twijfelen.

's Avonds hebben Cas en ik alles nog een keer doorgesproken. Daarna belt een vriendin en dit is toch weer moeilijker dan gedacht. In onze kleine wereld kan ik me nog staande houden, daarbuiten blijft het lastig.

Overzicht

Zwetend word ik wakker. Ik loop naar de computer en tik mezelf tot rust. Nog even de feiten op een rij; ik ben en blijf een arts tenslotte:

Lennard leefde zeven dagen dankzij de medische wetenschap. Alexander leefde een uur. Simon lijdt aan hetzelfde als zijn broer Lennard en zijn oom Alexander. In de familie van mijn schoonmoeder komt maar één man voor. Die kerngezond is trouwens. Het syndroom is niet bekend. Men denkt aan een Opitz-type. De kans is groot dat het een Opitz-variant is die nog ontdekt moet worden, ik noem het vanaf nu ALS (Alexander/Lennard/Simon)-syndroom. Van dit soort syndromen is de expressie divers. Maar binnen deze familie is het duidelijk: dodelijk.

Kan het meevallen? Jawel, het kan meevallen natuurlijk. Simon kan de zwangerschap en de bevalling overleven als we hem met een keizersnede halen, direct volledig medisch ondersteunen op de intensive care qua ademhaling en circulatie. Dan overleeft-ie het misschien en kunnen we onderzoeken welke afwijkingen hij precies heeft. Maar wat waren Lennards afwijkingen ook al weer?

- Perinatale asfyxie (zuurstofgebrek) met circulatie en ademhalingsstilstand waarvoor reanimatie.
- Micropenis, Hypospadie (verkeerde aanleg plasbuis) en cryptorchisme (niet ingedaalde testes) (gevolg: operaties en geen of beperkte voortplantingsmogelijkheden, seksuele ontwikkeling onbekend).
- Wijde tepelstand.

- Frontal bossing (prominent voorhoofd).
- Hypertelorisme (wijdstand ogen).
- Abnormale oorimplantatie.
- Syndactylie (vergroeide tenen).
- Anus atresie (aanlegstoornis) (operatie of meerdere operaties en maagdarmstoornissen nadien).
- VSD/ASD/overrijdende aorta (aanlegstoornis hart en grote lichaamsslagader) (operatie, en wie weet hoe de hartspierfunctie was).
- Hypotonie (lage spierspanning) en afwezige zuig- en hoestreflex.
- Hormonale en metabole stoornis *e causa ignota* (eci) (stofwisselingsstoornis van onbekende origine) (hypoglykemie, verhoogde aminozuren, cortisol en bilirubinestoornis).
- Infectie eci.
- Bloedingsneiging eci.
- Hydronefrose (nierstuwing).

En dan de hersenen, voor de prognose en kwaliteit van leven van levensbelang:
- Microcephalie (te klein aangelegde hersenen).
- Cerebellaire hypoplasie (te klein aangelegde kleine hersenen).
- Corpus callosum agenesie (afwezigheid van hersenbalk).
- Abnormale gyrering (kronkels) in temporaalkwab.
- Insulaire gyri afwezig.
- Ondiepe gyri in overige delen.
- Forse subdurale (hersen) bloeding.
- Forse laminaire corticale necrose (afsterven van de hersenschors) beiderzijds.
- Abberante (afwijkende) neuronen (kans op epilepsie).
- Epileptiforme reeksen (tekenen van epilepsie).

Need I say more?

Dinsdag 16 augustus

Vanochtend hebben we een gesprek met gynaecoloog Dijkhuizen, een uur lang. We spreken alle voors en tegens door, Lau werkt haar lijstje met vragen af. Het is een zeer prettig gesprek en niet zoals ik een beetje gevreesd had met druk van zijn kant om toch maar door te zetten met de zwangerschap. Er is ook maar één weg, dat weet hij ook. Denk ik.

Thuis neemt Lau snikkend de pil die de zwangerschap moet afbreken. Daar zijn dus gewoon pillen voor. Krankzinnig natuurlijk. Overmorgen moeten we ons melden in het ziekenhuis. Hoe lang het gaat duren valt niet te zeggen. Volgens de gynaecoloog varieert het van één tot drie dagen. Ik mag er ook blijven slapen. We kunnen maar beter iets te lezen meenemen.

LAURA

16 augustus, 's ochtends vroeg

Ik hoop maar dat ik achteraf geen spijt krijg. Ik voel Simon in mijn buik bewegen. Kan ik dat gevoel niet voor altijd vasthouden? Zoals ik nog steeds Lennards zachte huidje kan voelen en zijn mooie ruggetje voor ogen kan halen.

Ik ben zo bang voor alles wat komen gaat, of het allemaal wel goed zal gaan, voor mijn gevoelens, voor de begeleiding...

Laat ik proberen voor mezelf op te schrijven waarom ik de zwangerschap wil afbreken. De belangrijkste reden is omdat ik niet wil dat Simon ook zo moet lijden als Lennard. Of misschien zelfs nog meer moet lijden. Volgens mij zijn er 3 opties:

Of hij is gezond,

of hij heeft hetzelfde als Lennard,

of hij is sterker dan Lennard en overleeft de bevalling en daarna.

De laatste optie lijkt mij het allerergste en de tweede wil ik voorkomen. De eerste optie is niet meer mogelijk. Onze lieve Simon is niet gezond.

Maar je weet het niet 100% zeker. Toch krijg ik niet meer zekerheid als ik het wel 100% zou weten. Dat is niet het geval. Het moeilijkste vind ik het afbreken terwijl hij, Simon, nog niet lijdt. Kan ik daarmee leven voor de rest van mijn leven? Ik moet ermee leren leven. Ik hoop maar dat ik evenveel rust zal voelen bij Simon als Lennard. Bij Lennard ging het allemaal snel maar heb ik niet getwijfeld. Eigenlijk doe ik dat nu ook niet, maar mijn eigen gevoelens komen nu meer naar de voorgrond. Toen koos ik met heel mijn hart voor Lennard en schakelde ik mezelf uit, nu heb ik meer tijd om erover na te denken en het belangrijkste verschil blijft natuurlijk dat ik Simon niet zie lijden. Ik weet dat hij het nu nog goed heeft, maar om hem het lijden in de toekomst te ontnemen moet ik deze beslissing nemen. En als ik deze beslissing neem omdat ik het beste voor mijn kind wil met alles wat ik nu weet en voel, kan het geen verkeerde beslissing zijn. Gelukkig zitten Cas en ik op een lijn. Wij gaan dit overleven met zijn tweeën, dat weet ik zeker.

Dinsdag 16 augustus, later op de dag

We hebben vanmiddag om 15.30 uur de pil genomen. Het was een moeilijk moment, nu is er geen weg meer terug. Toch was het nog niet heel zwaar. Ik had al eerder het gevoel dat er geen weg meer terug is. Is het dan niet raar dat ik geen twijfel voel? Dat ik hier zo vastberaden mee door wil gaan? Het is allemaal zo onwerkelijk en aan de andere kant is dat nu juist mijn werkelijkheid.

Ik voel Simon nu trappelen, dat doet hij vooral 's avonds. Hij hoort al zo bij mij, dat ik me niet kan voorstellen dat dit straks weer over is. Wat zal ik me straks eenzaam voelen. Toch moet ik het weer aankunnen: er is geen andere weg.

Cas en ik hebben nog lang samen aan mijn buik gevoeld. Simon was nadrukkelijk aanwezig.

Woensdag 17 augustus

The day before. Deze dag staat in het teken van Simon. We willen niemand om ons heen, alleen wij en Simon. De dag mag niet vertroebeld raken met emoties en energie van anderen, maar moet draaien om het leven van ons alleen, het leven van morgen en vandaag. Ik laat de krant de krant, sodemieter maar op met al dat wereldnieuws. Hoewel, vandaag speelt Nederland tegen Duitsland, oefenpotje, maar toch. Het blijft Duitsland. Wat? Kromkamp en De Cler in de basis? Gelukkig zal Van Basten Robben voorlopig niet wisselen… En Van Persie zit er bij. Kijk, daar knapt een man van op. Heel even dan.

We moeten wel even diep gaan om een rompertje en een inwikkeldoek te kopen. Maar Simon verdient net zoveel van onze energie als Lennard heeft gekregen. Al moeten we het van ons voeteneelt krabben, hij zal met respect zijn leven leiden en beëindigen.

Er moeten ook dingen geregeld worden: een geboortekaartje, de crematie, de ceremonie. Als het stil valt, komt de klap pas echt. Zo was het bij Lennard, zo zal het nu weer zijn. Deze week komen we door en zal weer met hoofdletters worden bijgeschreven in ons levensverhaal.

Vanochtend ge-sms't naar vrienden en familie, maar alle piepjes die daarna binnenkwamen kon ik niet meer aanhoren. Iedereen steunt ons en heeft er geen woorden voor. Dan hoef ik ze ook niet lezen.

We rijden naar de heide bij Papendal.

We liggen in de zon. Tegen elkaar.

Dicht tegen elkaar.

Geen mens te bekennen.

Schapen grazen hun weg langs ons heen.

Kijk, daar vliegt een ijsvogeltje!

We voelen je dichtbij Simon.

Hier op de hei.

Kunnen we hier niet gewoon blijven liggen?

Blijven liggen en genieten.

Voor altijd genieten.

Van jou lieve Simon.

De tijd tikt.

Om.

De tijd is.

Om.

’s Avonds kijk ik naar de samenvatting van Oranje. Geen idee waarom. Ach, ik kijk gewoon, dat doe ik namelijk altijd. Nederland speelt geweldig, Robben is onstuitbaar, fenomenaal. Makaay en Van Persie, mijn favorieten, vallen goed in. Het is spannend in Oranje met Van Basten aan het roer, het chagrijn van het EK in Portugal is volledig verdwenen. Hoop, verwachting, hunkering en ik ga er eens goed voor zitten. Een fragment later voelen mijn oogleden vreemd zwaar en zak ik iets achterover op de bank. Hoewel het beeld steeds waziger wordt, zie ik de fraaiste overstapjes, subtiele steekpassjes en droge knallen in de touwen. Ik geef me over en laat me wegdrijven. Weg van alle ellende.

Pas veel later kom ik erachter dat het 2-2 is geworden tussen Nederland en Duitsland. Oranje was stukken beter maar miste de mooiste kansen. Een scenario dat me vaag bekend voorkomt...

LAURA

Woensdag 17 augustus

Het is een onwerkelijke dag. Het vreemdste vind ik nog dat ik geen schuldgevoel heb. Hoe kan dat nou toch? De dag nadert, help, alles is zo raar. Simon is er nu nog, hoe kan dit toch allemaal? Maar niet doorzetten zou alleen maar eigenbelang zijn. Bovendien, terug kan ook helemaal niet meer.

Vandaag stond helemaal in het teken van Simon. Vanochtend een rompertje voor hem gekocht, de kleinste die we konden vinden. Maat 44, het zal nog veel te groot zijn. We hebben twee knuffels voor Simon gekocht en een mooie doek. Daar ga ik vanavond nog mee slapen. Ik hoop maar dat onze lieve schat geen pijn zal hebben, dat het waardig en respectvol zal zijn. Ik weet niet wat ik verder hoop. Hoe moet ik hiermee leren leven? Geen flauw idee.

Gelukkig is Cas er altijd, zonder hem kan ik dit niet. Cas is echt een deel van mij geworden, zonder hem kan ik niet verder leven.

Aan de ene kant wil ik dat alles achter de rug is, aan de andere kant kan het me niet lang genoeg duren. Wat moeten we daarna? Welk doel kan ik dan nog hebben? Een ding heb ik in elk geval geleerd van de vorige keer met Lennard: één stap tegelijk. Alleen dan kan ik het aan, dus nog geen zorgen voor daarna. Toch vind ik het eigenlijk allemaal onmenselijk, maar ik zal weer volharden. We moeten er doorheen en dan staat Cas naast mij en houd ik mij aan hem vast. Ik hoop maar dat hij zich ook aan mij kan vasthouden.

Die avond nog voetbal gekeken (Nederland - Duitsland 2-2). Cas wilde graag met zijn zoon voetbal kijken.

Donderdag 18 augustus

Hoe absurd is het een kamer voor een overleden kind in te richten? We leggen de spulletjes alvast klaar, maken zijn wiegje op. Hoe bizar is het om dit voor de tweede keer binnen een jaar te moeten doen?

Het lot van de natuur. Maar vandaag hebben wij bepaald dat Simons leven beëindigd moet worden. Terwijl we normaal gesproken dagen twijfelen over de aanschaf van een bank of de kleur van de muur, moeten we nu een beslissing nemen over een mensenleven.

Lieve Simon, het is prachtig om je te voelen trappelen in Laura's buik. En tegelijkertijd is het ondraaglijk. Jij weet niet wat je te wachten staat en het maakt onze keuze mensonterend en onwerkelijk. Nu zit je nog vol leven, zo lijkt het, en straks rukken we dat eruit. Uit liefde voor jou, jongen. Drieëntwintig weken, het is niet niks. We hebben je leren kennen als een druk mannetje. In ons hart ben jij onze levensader geweest. Jouw leven heeft Lennards leven in perspectief geplaatst.

Niet voor ons, maar voor jou. Wat had ik je graag in mijn armen genomen, mee naar een donker bos. Of nog liever mee de wijde wereld in. Dan gingen we een potje voetballen in het park, naar de bossen van Arnhem, naar het strand, naar de bergen van Zwitserland, naar leuke steden. Het zullen nu wel dromen blijven. In ieder geval met jou en Lennard, dat blijft bij dromen. Maar soms zijn dromen een stuk beter dan de werkelijkheid.

LAURA

Donderdag 18 augustus, 64.5 kg

Tja, nu zijn we al in het ziekenhuis en het is nog steeds onwerkelijk. Eigenlijk doet het alleen maar pijn. Heb weer goed geslapen (hoe kan dat eigenlijk?). Vanochtend al veel gehuild. Ik duw de realiteit een beetje weg. Wat een nachtmerrie. Iedereen is wel heel aardig hier in het ziekenhuis.

Net een vruchtwaterpunctie gehad om 10.20 uur. Viel tegen. Kreeg een harde buik tijdens de prik. Ik heb veel harde buiken. Vanochtend met Cas in bed ontbeten. Voelt alweer ver weg, thuis.

Ik voel me misselijk, raar. Het is 11.40 uur, de ochtend is al bijna voorbij. Eerste pil gehad, moest weer huilen.

Even later voel ik al wat lichte krampjes, heel licht hoor.

Nu zijn ze zeker erger, het is 14.10 uur.

We hebben geluncht en dokter Dijkhuizen is langs geweest. We hebben ook het hartje horen kloppen; dat klonk nog erg krachtig.

We moeten Simon straks zo warm mogelijk houden. Het voelt nog ver weg, maar dat is niet zo. Verder blaadje gelezen, alleen plaatjes kijken lukt nog.

De krampen komen echt met tussenpozen en best heftig.

15.00 uur pethidine-injectie na ontsluiting check: nog geen ontsluiting. Geen ruggenprik om precies te monitoren.

Ik hoop dat ik de angst in kan ruilen voor jouw kracht.

Je eerste kind verliezen is ondraaglijk.

Je tweede kind verliezen is onwerkelijk.

De geboorte van Simon Koen van Koppenhagen

Donderdag 18 augustus 2005. Lau ligt nog te slapen, ik ben wat gaan rommelen beneden. Om acht uur hebben we samen op bed ontbeten. Een standaardontbijt op een niet-standaard dag. Lau is direct al erg verdrietig. Heel rustig kleden we ons aan.

Voor de laatste keer staat Laura met haar dikke buik onder onze eigen douche. Voor de laatste keer neemt ze een pil foliumzuur. Voor de laatste keer smeer ik haar buik in. Dit nooit meer.

De zuster neemt wat vragen met ons door en legt de gang van zaken uit. We mogen alles vragen. We kunnen hier bevallen. Ons leven gaat zich de komende dagen en in ieder geval vandaag hier, op dit kamertje afspelen. Laura voelt Simon trappelen.

Om twaalf uur voelt ze al wat krampjes en de harde buiken houden aan. De deur zwaait open en de zuster brengt de lunch naar binnen. Brood met abrikozenjam en tomatensoep; best lekker eigenlijk.

Kwart over twee. Laura heeft er schoon genoeg van: 'Cas, ga weg bij dat bed. Weg, zeg ik!'

Ik snap het niet helemaal. Net was ze nog zo scherp nu krijg ik de wind van voren.

Lau gaat in bed liggen en om half drie vragen we of de zaalarts wil komen kijken vanwege de pijn. Gooi die ruggenprik er maar in, denken we. Ze stopt met denken en begint zich te concentreren op wat er van haar verwacht wordt. Wat een kracht. Wat een doorzettingsvermogen.

De zaalarts overlegt met de gynaecoloog en komt terug om een pethidine-injectie (pijnstillend) te geven en geen epiduraal anesthesie (ruggenprik). Ze zijn bang voor een ruptuur (scheur) van de baarmoeder, omdat het allemaal snel gaat bij deze manier van het opwekken van weeën. Daar is de baarmoeder, relatief zo kort na een keizersnede, nog niet aan toe. Dat wisten we eigenlijk al, maar het valt toch tegen. Ze krijgt haar injectie in het been en wordt suf en misselijk.

De ontsluiting is nog niet ingezet, dus misschien gaat het wel lang duren. De pijn gaat niet weg, maar de randjes wel, lijkt het. De krampen komen sneller en houden langer aan. Ik probeer haar te steunen, maar dat haalt weinig uit. Uit arren moede lees ik de Voetbal International. De artikelen gaan compleet langs me heen.

Half vier. Wilma draagt haar dienst over en komt afscheid nemen. Laura heeft het warm, blijft misselijk en wil niet verder. Kan die epiduraal niet? Eerst nog een keer kijken en voelen bij de tweede pil. De ontsluiting is ingezet. Volgens Wilma gaat Laura vandaag of vannacht bevallen.

Dat klinkt toch wel weer ver weg. Na een half uur worden de krampen heviger. Dit zijn weeën. De zuster die de dienst overneemt en alleen ons onder haar hoede heeft, helpt Lau. Ze wil uit bed, maar dat valt tegen. Ze gaat overgeven. Dat doet ze voor het eerst sinds ik haar ken! De misselijkheid is weg maar de weeën blijven. Laura vraagt een rietje om te drinken. Hoe komt ze erop?

Ik ga met washandjes in de weer. Meer kan ik niet doen.

Moederziel alleen ligt Lau te kreunen terwijl de verpleegkundige en ik machteloos toekijken. Laura grijpt terug op de zwangerschapsvoorbereiding van Lennard. De geleerde puftechnieken komen tevoorschijn. Als het echt niet meer gaat, bellen we de dokter. Vier centimeter ontsluiting.

De zaalarts klinkt streng: 'Wel blijven ademen.' In door de neus, uit door de mond. Opnieuw denk ik aan een ruggenprik, en wel zo snel mogelijk. Dan worden de weeën steeds heftiger en denk ik dat het zonder ook moet lukken. Dijkhuizen komt binnengelopen. 'Zal ik blijven, wat willen jullie?'

Op dat moment krijgt Laura net een wee.

'Weet ik veel!' roept ze fel.

'Niet op het bed leunen, Cas!'

Dan drijf ik weg in het moeras langs de zijlijn.

LAURA

Er zijn korte rustmomenten, maar de pijn wordt heviger. Ik ben de tijd kwijt.

'Is-ie er al?'

'Nee, dit was de vochtblaas.'

De druk valt weg, net als de pijn. Maar Simon blijft zitten waar-ie zit. Ik knijp Cas zijn hand in puin. Op mijn eigen kracht wordt Simon geboren.

'Het spijt me Simon, het spijt me zo', huil ik.

Cas mag de navelstreng doorknippen. Hij houdt hem vast. Ze vragen of ik hem op mijn borst wil hebben.

'Weet ik niet!'

Cas legt Simon op mijn borst. Ik pak hem vast en laat hem niet meer los. Eerst durf ik niet te kijken. Oh wat is hij klein. En mooi.

'Lennard kom hem maar halen', fluister ik.

Ze laten ons even alleen. Wat een verdriet. Cas kijkt hem na en hij zegt dat Simon hetzelfde als Lennard heeft. Dan zie ik het ook. Zijn teentjes, zijn voorhoofd, zijn oogjes, zijn oren. Dan word ik heel rustig. Hij heeft hetzelfde.

'Kom je broertje alsjeblieft snel halen, Lennard.'

Cas zegt dat hij niet lijdt. Hij beweegt een klein beetje, maar ligt rustig. Een warm gevoel trekt door me heen. Rust. Maar er gebeurt van alles om me heen. De zuster en de dokter zijn weer terug. Ik word wakker door adrenaline en voel één grote opluchting. We hebben de juiste beslissing genomen. Ik voel me niet schuldig en heb alleen maar rust. Ik voel me de trotse moeder. Ze kijken hem nog eens na. Hij lijkt niet meer te leven.

De kinderarts komt erbij en pakt Cas stevig vast. En nog wat vaster. Cas breekt. Ook mij geeft hij een knuffel. Samen kijken ze hem na. En luisteren naar zijn hartje. Dat klopt niet meer. Hij kijkt ons aan met opgetrokken wenkbrauwen en zegt dat hij dezelfde dingen ziet als Cas. Wat kan ik voor jullie doen, wil hij zeggen. Eigenlijk niets. De zaalarts komt ook nog eens kijken. We nemen afscheid. Zou zij zich realiseren dat we haar nooit meer vergeten?

De bevalling

Hij is er!

Even helemaal niets.

Wat is-ie mooi, volmaakt. Rustig ook, geen stress. Ik pak hem op, heb hem in mijn handen. Zo klein zo nietig. Mijn zoon. Simon Koen van Koppenhagen. Zo kwetsbaar. Zo tastbaar.

De rust. Allebei weten we dat het goed is.

De gynaecoloog en ik maken nog wat foto's van hem, naakt, in vol ornaat. Voor de wetenschap zullen we maar zeggen.

Voorbij

Acht uur 's avonds. Het is voorbij. De zuster heeft nog wat kip met rijst als avondmaal voor ons. We eten stevig door, ook Laura. Simon ligt in een mooi mandje. We houden een oogje in het zeil. Lau gaat douchen. Ik praat nog wat met de zuster en laat mijn trots blijken. Ik vertel haar ook dat ik haar begeleiding prettig vond. Zij haalt haar schouders op, verontschuldigend bijna. 'Jullie zijn laagdrempelig, dat maakt het makkelijk om jezelf te zijn.'

Ik beschouw het als een compliment. Lau komt gepoetst en gestreken onder de douche vandaan. Ongelooflijk eigenlijk. Geen pijn, geen stress meer. Ik voel af en toe een onpeilbaar diepe vermoeidheid opkomen. Daar mag ik vandaag in geen geval aan toegeven.

Samen met de zuster maak ik hand- en voetafdrukjes, ze lukken prachtig. We wegen en meten. Dan leggen we Simon in zijn mooie lichtblauwe wikkeldoek in zijn mandje. Laura heeft vannacht met die doek geslapen. Ik hoop dat hij zich er prettig in voelt, dat hij ergens haar lichaamsgeur meeneemt.

Ik pak de tas, rijd de auto voor en loop naar de afdeling terug. De papieren zijn in orde, we geven nog een handje en krijgen hier en daar een schouderklopje. De bevriende gynaecoloog komt binnenstormen. Hij is opgelucht en trots op ons en op zijn collega, de echo-specialist, die het allemaal toch goed gezien had. Lau maakt nog een grap over de epiduraal:

'Toen de zaalarts ging overleggen met jou, dacht ik al: dat

kan ik vergeten die ruggenprik.’

En nu naar huis. Weer met een overleden baby.

Het is tien uur ’s avonds. We zijn precies twaalf uur in Rijnstate geweest. Het is cru. Ik loop naar de auto in die koude nieuwe garage, rijd hem voor en laad Laura en Simon in. Simon in het mandje op Lau haar schoot. Gelukkig is het donker en ziet niemand wat we bij ons dragen. Je moet er ook niet bij nadenken eigenlijk.

We lopen samen naar de kinderkamer. Simon gaat in zijn mandje in de familiewieg. Ooit was het Laura’s wieg, later heeft haar neefje erin gelegen, daarna werd het Lennards bedje en nu is het voor Simon. Het mandje past prima en staat mooi.

We steken de kaarsjes aan, schenken een wijntje in, pakken wat nootjes en kijken naar buiten. Een volle maan staat precies tussen de twee puntdaken van de achterbuurman. Schitterend uitzicht; was me nooit eerder opgevallen. We komen tot rust. Geen verdriet, maar berusting en overtuiging zelfs. Gezellig met zijn viertjes op de kinderkamer, hapje en drankje bij de hand. Lennard met foto en Simon in zijn mandje. Zo ziet dat eruit bij de Van Koppenhagentjes.

Daags erna

LAURA

Moeilijk in slaap gekomen. Cas had er gelukkig geen moeite mee. Voor hem is het zwaar geweest om mij te zien lijden. Maar pijn is tijdelijk, fysieke pijn althans. Die nestelt zich niet in je herinnering. Ik blijf lang wakker. De dag, de opmerkingen van alle mensen om ons heen blijven maar voorbijkomen.

We worden om een uur of acht wakker. Ik heb meteen gedoucht. Ontbeten in bed met Cas. Ik heb mijn kraamnachtjapon aan, die ik ook bij Lennard aan had. Ik heb gelukkig geen melkproductie, daar heb ik pilletjes voor genomen.

Voor ik het weet staan mijn ouders op de stoep. Ik ben meteen in tranen. Met zijn vieren gaan we naar Simon; hij ligt er mooi bij. Zij vinden hem ook klein, maar ook mooi en gaaf: helemaal af. We praten nog op de slaapkamer, vandaag en morgen moet ik in bed blijven.

We zijn maar twaalf uur weggeweest en daarin is ons leven opnieuw veranderd: we zijn weer ouders geworden. We hebben weer een kind gekregen! Dat trotse gevoel heb ik het grootste deel van de dag.

De ouders van Cas komen later op de dag en tegen mijn schoonmoeder zeg ik: 'Dit is onze werkelijkheid; zo doen wij dat met onze kinderen.'

Het voelt allemaal zo herkenbaar vandaag. Ik ben kapot als iedereen weg is. Om twee uur komt de uitvaartbegeleidster, Mariet. Helaas niet Suzanne van vorig jaar, maar haar collega. We hoeven niet veel te bespreken, een kistje is niet nodig, Simon ligt prima zo in zijn mandje. De kaartjes hebben we ook al geregeld. We hebben wel meteen 'gereserveerd' bij Moscowa: dinsdag om tien uur zijn we weer aan de beurt. Aan de ene kant voelt het hetzelfde als met Lennard, aan de andere kant is het echt anders. Ik realiseer me dat we met Lennard bijna twee weken hebben gehad en met Simon maar een halve week.

Nadat Mariet weg is gegaan, neem ik Simon bij me in bed met mandje en al, lekker dichtbij. Cas maakt er een mooie foto van. Daarna twee uur geslapen. Mijn ouders zorgen voor het eten: rijst met kipragout, heerlijk. Ik voel me nog steeds zo raar, leeg, verdoofd, gevoelloos. Geen idee wat ik eigenlijk zou moeten voelen.

Zaterdag 20 augustus

Ik kom weinig aan schrijven toe. Voel me murw, lamgeslagen, leeg. Soms voel ik helemaal niets meer. En dat maakt dat ik me schuldig voel tegenover Simon. Ik denk dat ik niet zoveel tegen hem praat, omdat hij al bij Lennard is.

Zondag 21 augustus

Ik houd zoveel van mijn jongens, maar voel ook een

bepaalde rust, dat hen verder leed bespaard is gebleven. Die rust moet ik toelaten en niet verwarren met minder houden van, of minder verdriet hebben.

Nog één hele dag met Simon. Ik hoop dat het rustig genoeg zal zijn.

Veel last van stuwing en ik kan er niet van slapen. Het doet me pijn dat mijn lichaam zo graag wil zorgen voor Simon, ik wil zo graag borstvoeding geven, ooit. Ik zal blijven hopen, blijven dromen.

Maandag 22 augustus

Ik zie op tegen het afscheid. Alweer. Het voelt zo goed Simon tussen ons in te hebben. Hij hoort zo bij ons. Ik ben er niet klaar voor. We sjouwen Simon steeds mee naar de slaapkamer. En weer zijn we echt zo met zijn drieën nu. Straks weer met zijn tweeën, maar in ons hart blijven we een gezin, met zijn vieren.

Hij verandert nu wel. Niet opeens, maar langzaam wordt hij steeds anders. Minder mooi eigenlijk. Ik groei naar het afscheid van zijn lichaam toe. Al zal ik van dat gesjouw met het mandje moeilijk afscheid kunnen nemen.

Dinsdag 23 augustus

De avond voor de crematie. Alles is uitgewerkt, alles is klaar voor morgen. Klaar om er iets moois van te maken. We willen het zo goed mogelijk afronden, maar tegelijkertijd willen we verdorie helemaal niets afronden! Baby's zijn niet uitgevonden om afscheid van te nemen.

Lennard voelt nog zo kort geleden. En dat is het natuurlijk ook. We draaien hetzelfde protocol af als vorig jaar. Weer treurende familie en vrienden om ons heen. Wat doen wij ze aan? Wat doen wij onszelf aan? Wat hebben we jou aangedaan?

Slapen lukt voor geen meter. Zweten, onrust, door het huis zwerven. Waar ben ik?

Toch word ik wakker. We kruipen nog even tegen elkaar aan. Allebei weten we precies hoe de ander zich voelt. We zijn één en dezelfde persoon geworden.

We trekken onze mooiste kleren aan. Om half negen zitten we klaar, beneden op de bank. Annie Lennox vult de kamer. Weer. Het huis stroomt over van verdriet. Laura heeft Simon op schoot, in zijn mandje. Ons gehuil klinkt oorverdovend. Klokslag negen uur belt de uitvaartbegeleidster aan. We doen open, laden in en vertrekken. De bouwvakkers in de straat zijn al aan het werk, ze hebben het te druk om door te hebben wat er gebeurt. Drie mensen en een mandje. So what?

De bekende route. Arnhem is mooi, ook als het miezert. Weer gaan we naar die prachtige begraafplaats Moscowa. De hostess neemt ons mee naar een andere zaal dan vorig jaar. Ze hebben de banken in een rij gezet in plaats van stoelen in een kring, zoals we hadden afgesproken. Ik kan wel uit mijn vel springen. Maar wij laten ons niet beetnemen! Er moeten onmiddellijk stoelen komen; zijn ze nou helemaal gek geworden? Wij gaan hier onder geen beding op die ellendige banken achter elkaar zitten. Het gaat hier toevallig wel om ons eigen kind! Het komt in orde. We helpen mee met sjouwen en onze woede ebt snel weer weg.

We lopen naar de familiekamer. Ik kan het maar nauwelijks aan, voel me stukken slechter dan vorig jaar. Kaarsje aan, mandje op tafel. Daar heb je de eerste genodigden, mijn vader loopt voorop. We grijpen elkaar stevig vast. Daarna verlies ik alle controle en huil uit bij elke schouder. Lau gaat er ook aan onderdoor, maar bij haar is het gelukkig minder. Ik voel haar kracht. Even later kan ik het wel weer aan. We gaan de zaal in en steken kaarsjes aan. Terwijl we gaan zitten, steken de anderen ook een kaarsje aan. Het altaartje is mooi: marmer met twee verhogingen. We hebben twee grote foto's van Simon neergezet, en de foto van Lennard met zijn lichtje. Bloemstukken van ons, van onze ouders en bloemen van alle vrienden.

De muziek van *Secret Garden* klinkt op de achtergrond.

Vanuit Rotterdam staat er een file. Twee vriendinnen en hun mannen zijn net op tijd. Een andere vriend en zijn vrouw zijn te laat. Ze komen binnen als ik aan het speechen ben. Dat komt goed uit, het haalt even de stoom van de ketel.

Het kost me moeite om met mijn verhaal te beginnen. Maar als ik eenmaal op gang ben, gaat het meteen goed. Als ik klaar ben voel ik me opgelucht. Later begrijp ik dat nogal wat mensen geschrokken zijn van mijn woorden. 'Zo kennen we je niet, je bent altijd zo optimistisch.'

We fly so close van Phil Collins komt tot zijn recht. Ik kom wat tot rust. Het gedicht dat ik gemaakt heb in de afgelopen dagen is iets lichter, maar toch rauw genoeg. Dan *Ik mis je* van Herman van Veen. Lau's speech is prachtig en de moeders in de zaal barsten stuk voor stuk in snikken uit.

Het liedje *Engel van mijn hart* van Marco Borsato past er goed bij. Ik ben trots op haar, dat ze dit toch maar gewoon doet. Ze is sterker en bewuster aanwezig dan bij het afscheid van Lennard.

De uitvaartbegeleidster sluit af en vraagt afscheid te nemen van Simon door langs Laura te lopen en Simons naam hardop uit te spreken. Een vriend bijt het spits af en doet dat zoals hem past, op gepassioneerde wijze. Dit slotstuk wordt uiteindelijk heel mooi en bijzonder. Iedereen komt langs, moet slikken, huilen of bibberen maar heeft toch de kracht iets te zeggen tegen Simon en tegen ons.

Het zou mooi zijn als hij al die lieve woorden had gehoord. Het zou hem kunnen troosten. Dat geldt in elk geval wel voor ons.

Na afloop naar ons huis waar we met iedereen een glas drinken op het leven. Met krentenbollen van bakkerij Het Grofje, door ons al enige tijd bakkerij Het Grafje genoemd.

LAURA

25 augustus, 's ochtends vroeg

Gister was de sterfdag van mijn broertje Alexander. Vandaag is het een jaar geleden dat Lennard is geboren. Ik wil graag bij Lennard stilstaan vandaag, morgen, de komende twee weken. Zal daar ruimte voor zijn? Simon wil ik ook eren, herinneren, vasthouden.

Ik zit op de kinderkamer. De afdruk van Simons mandje staat nog in de wieg op het mooie blauwe dekentje met de twee knuffels. Zo'n raar gevoel dat hij er niet meer is. Ik realiseer me dat ik alleen afscheid heb genomen van zijn lichaam. Dat weet ik uit ervaring.

27 augustus, 's middags

Mijn moeder heeft een keer gezegd: 'Tussen het volhouden door mag je best een keertje uitrusten.'

Ben ik dat nu aan het doen? Ben ik krachten aan het opdoen om straks te kunnen rouwen? Ik krijg dan meteen de angst dat ik mijn verdriet wegstop. Dat wil ik niet. Ik wil rouwen om Lennard en Simon. Maar het grote verdriet komt niet, nog niet. Ik weet dat het in me zit. De wanhoop, het grote verdriet, de onzekerheid over de toekomst. Hoe moet ik verder?

Ik geniet van Cas, van onze verbondenheid en het elkaar begrijpen. Lennard is niet uit mijn gedachten maar als ik aan Lennard denk, voel ik me schuldig tegenover Simon en andersom. Dit is te veel en daarom voelt het zo leeg, denk ik.

Waarom staat het niet op mijn voorhoofd getatoeëerd? Ik heb twee zonen! Maar die zijn beiden dood!

Verder

Zwitserland, 29 augustus

Vakantie

Heel even lijkt het of alles normaal is, alsof er niets gebeurd is. Maar dan stormt de pijn op orkaankracht mijn hart weer binnen. Meestal gebeurt dat als ik er totaal niet op bedacht ben. Soms voel ik het aankomen. Er zijn ook momenten dat ik er juist naar op zoek ga, omdat ik me anders schuldig voel. Dan ben ik bang dat ik je kwijt ben, dat je niet meer vooraan in mijn systeem zit. Ik wil je warmte voelen, je getrappel in de buik van je moeder. Dan zie en voel ik Laura's veel te platte buik. En ineens ben je er niet meer: volkomen weggevaagd.

Ik wil kunnen toegeven aan mijn gevoelens. In het hier en nu wil ik zijn. Niet het gevoel hebben dat ik maar door moeten denderen. In de natuur lijkt het of alle sensoren op scherp staan. Eerst dwalen we door de duinen, over het strand, langs de zee. En nu de bergen, de paden, afgronden, de onmetelijke ruimte. Hier in de Zwitserse bergen voel ik wat jij en je broer voor ons betekenen. Hier stromen jullie door mijn bloed en door mijn ziel.

De grootste klootzakken van deze wereld hebben wat wij niet hebben: gezonde kinderen. En daar is helemaal niets voor nodig. Gewoon je piemel ergens in proppen en weer de benen nemen. En niet omkijken wat je achterlaat.

Best lekker om een keer op te schrijven. Ik weet wel dat

ik het niet meen, maar toch voelt het soms zo. Wat is er nou belangrijker dan jezelf voortplanten en kinderen groot brengen? Ik kan me niet voorstellen dat ik verder wil zonder kinderen. Maar we zullen wel moeten.

Allebei voelen wij dat dit grote verdriet ons ook ergens gaat brengen. Dat wij een missie hebben: het klinkt haast religieus. Dat dit ons overkomt, omdat wij dit aankunnen en er iets goeds uit kunnen laten voortkomen.

LAURA

Maandag 30 augustus

Was erg verdrietig en down naarmate we dichterbij Zwitserland en het huis kwamen. Weer zonder kinderen. Toch heb ik nog hoop.

Dat we hier zijn voelt prettig, alleen de aanleiding is afschuwelijk. Het is allemaal zo heftig dat ik heel weinig stil sta bij Lennard een jaar geleden. Daar heb ik nu even de energie niet voor.

Ik zie andere zwangere vrouwen. Hoe ver zouden ze zijn, zou mijn buik dikker zijn geweest? Kon ik maar weer hoop hebben op een gezond kind, op een toekomst met een gezin.

God, wat vond ik het ondanks alle ellende weer mooi om zwanger te zijn. Het voelde weer zo compleet met zijn drieën.

Ik zit in het zonnetje op het terras en kijk naar de boom

die we voor Lennard hebben geplant. Hij doet het best goed. We gaan er ook een planten voor Simon.

Ik hou zoveel van mijn jongens en durf eigenlijk niet meer te hopen op een toekomst met kinderen. Ik geloof in mijn eigen kracht: ik vind wel een invulling voor mijn leven.

Dinsdag 30 augustus

Vandaag een bergwandeling gemaakt. Behoorlijk pittig maar Lau hield het uitstekend vol. Heerlijk, samen de natuur in, moe worden van fysieke inspanning. Mijn lijf komt in het reine, dan komt mijn geest er wel achteraan. Hoop ik.

Vandaag is de crematie van Simon één week geleden.
Vandaag is de beslissingsdag van Lennard één jaar geleden.

Het loopt allemaal dwars door elkaar heen. We willen bij Simon zijn, maar ook zo graag bij Lennard stil staan. Die dag, een jaar geleden kan ik nog haarfijn uittekenen, terwijl ik twijfel over de dag van een week geleden. De details vervagen en ik vind niet de rust om de juiste toon te raken.

Een week, een jaar... Wat is tijd? Een begrip dat wij hebben uitgevonden. Het is een manier voor het rouwen om te zeggen in welke rouwfase je zit. Een manier om ergens bij stil te staan. Maar eigenlijk heb ik het niet nodig om Lennard bij me te dragen. Zoals we ook geen grafjes nodig hebben. Wij gebruikten Lennards kamer en zijn kaarsje. Nu wordt het ook Simons kamer en hun beider kaarsje.

Simon, jongen, wat hebben we je snel los moeten laten. We hebben geprobeerd te genieten van je trappeltjes, maar eigenlijk steeds met de rem erop. Ik hield rekening met het ergste, dat beschermt misschien een beetje tegen de grote klap. Dacht ik. Maar het helpt geen zier, Simon: ik ben veel kapotter dan ik had gedacht. Alles speelt mee: jouw broer, mijn rug, operatie, re-integratie, nieuw werk.

We lopen door de bergen en worden zelfs daar om iedere hoek geconfronteerd met wat er gebeurd is: Kindergarten, Kinderskischule, Kinderwagens mit Kinder, Kindereis, Kinderpommes, overal Kinder.

Hier in Zwitsersland liggen onze dromen. Vakanties met het gezin en met vrienden en hun kinderen. Hoe moet dat straks? Al onze vrienden hebben kinderen. Wij hebben alleen onszelf. We dragen jullie mee jongens, iedere dag. Jullie zijn alleen niet tastbaar. Een last rust op mijn schouders. Kunnen wij een leven zonder kinderen aan? Hebben ze daar cursussen voor?

Donderdag 1 september

De avond was al somber gekleurd. ‘s Nachts betaalde zich dat uit in zweten, onrust, rare dromen, demonen, angst. Na het opstaan gaat het beter. We rijden naar een stadje in de buurt en doen wat we anders ook wel eens doen op een slechte dag: shoppen. Daarna lunchen en zo’n megastore in: de Carrefour. We kopen een dvd-speler voor het huisje. Met pijn en moeite installeer ik hem en dan, na een wit wijntje en een borrelhapje zet ik een paar golden oldies op en begin fanatiek te dansen. Na een kwartier valt er een enorme sluier over de dag, neemt de druk op mijn schouders toe en voel ik een grote zware steen in mijn maag. Ik ga zitten en verwacht dat ik ga huilen. Het lukt alleen niet. Totdat Lau iets liefs tegen me zegt en ik vanuit mijn tenen begin te janken. Bijna een uur, een nieuw record! Laura voelt zich op hetzelfde moment schuldig omdat zij juist een goede dag doormaakt. Raar is dat: zij neemt het zichzelf kwalijk als ze zich goed voelt. Ze vraagt zich dan oprecht af of ze het wel goed doet. Maar een half uur later begint ook zij te huilen. Zo gaat het vaak. Ik kan niet zeggen dat het verlichting geeft: het lijkt eerder dat sombere gevoel te bevestigen. Hoewel het fysiek wel oplucht.

Laura duikt weg in haar puzzel. Ik weet ook niet of ze het wel goed doet. Misschien stort ze straks wel in. Ze heeft behoefte aan reflectie, zegt ze. Wil dit aan haar coach van het werk vragen, dat lijkt me een goed idee. We moeten sowieso naar de maatschappelijk werkster in het St. Radboud. En nagesprekken hebben met dokter Dijkhuizen. Praten en reflecteren moeten we. Het verhaal moet eruit, anders loopt de motor vast.

Hoe lang hebben we nodig om dit te overleven en ons weer

een beetje mens te voelen? Het zal wel even duren. Maar ik wil al wel zo snel mogelijk weer functioneren. Anders ga ik geheid onderuit. Maar waar haal ik in godsnaam de motivatie en de energie vandaan om de dingen weer te doen die ik 'vroeger' ook deed?

Mijn leven leek een aaneenschakeling van repetities voor de Grote Kindershow, maar die gaat aan onze neus voorbij.

LAURA

4 september

De laatste dagen per dag geleefd. Niet aan het verleden gedacht en niet aan de toekomst. Ik ben nauwelijks met Lennard en Simon bezig geweest. Cas geeft me er wel een beetje een schuldgevoel over.

Ik vind het zo zwaar alles bij elkaar, dat het soms wel lijkt alsof ik nog wakker moet worden uit een boze droom. Dat het mooie leven van Cas en mij nog moet beginnen. Ik wou dat het zo was. Ik moet toch ergens mijn hoop en kracht vandaan halen? Cas vindt dat ik niet te veel met oplossingen bezig mag zijn (hond, adoptie, IVF, studie psychologie) maar wat dan wel? Hoe moet ik dit verwerken? Geen idee.

Goed gesprek gehad en alles met elkaar besproken. Cas heeft meer tijd nodig en ik heb een doel nodig. Nu is er meer ruimte in mijn hoofd voor Simon en Lennard.

Dinsdag 6 september

Ondanks alles kunnen we nog gelukkig zijn. Toen we op vakantie naar Andalusië gingen na zestien weken zwangerschap van Simon, zaten we er ook doorheen. Maar na een paar dagen konden we allebei genieten van de omgeving, van de cultuur, van het eten en vooral van ons samenzijn. Het is nog steeds een van onze beste vakanties ooit. Hoe is het mogelijk dat je dan een gelukkig gevoel over je heen krijgt? Dat zit hem kennelijk in kleine dingen. Ik weet dan ook zeker dat ik nog genoeg gelukkige momenten ga meemaken.

Boos worden is lachwekkend, chagrijnig word ik meestal op Lau, maar dat levert me echt niets op, behalve afstand en irritatie. Stil en teruggetrokken, leeg, dat is wel de ergste vorm van verdriet. Het hoopt zich op achter mijn borstbeen, in mijn nek en schouders. Een loden last. Dan ga ik liever een potje onbedaarlijk zitten janken.

Dit verdriet gaat niet over na een paar daagjes Zwitserland. Het moet slijten, zeggen ze. Maar dat wil ik helemaal niet. Nu zijn mijn gevoelens zuiver. Overweldigend, dat zeker en niet vol te houden, dus er moet wat van de scherpte af. Maar eigenlijk zou ik de pijn en de leegte de rest van mijn leven iedere dag, heel even willen voelen. Om Lennard en Simon te eren. Om me ieder dag te realiseren hoe kwetsbaar we eigenlijk zijn. En om er iedere dag opnieuw achter te komen hoeveel de jongens voor ons in zo'n korte tijd betekend hebben. Hun korte bestaan bepaalt nu onze verdere gezamenlijke levensloop.

Toekomst

Misschien ben ik wel een beetje bang om elkaar kwijt te raken in dit gevecht. Om te veranderen in een ander mens en dat dat ertoe leidt dat ieder zijns weegs gaat. En dan?

Daar heb ik geen antwoord op. Af en toe zie ik het messcherp, onze toekomst. Zonder hoop op leven. Straks komt de vraag die ik vorig jaar al stelde, maar die we uiteindelijk niet echt serieus namen. Stel dat het ons lukt een meisje op de wereld te zetten, willen we haar dan opzadelen met dit syndroom? Daar word je ook niet bepaald gelukkig van, ben ik zo langzamerhand geneigd te denken. Wie weet ziet de wereld er over dertig jaar heel anders uit. Maar dat dacht mijn schoonmoeder ongetwijfeld ook. En als ze íets had willen voorkomen, dan was het wel dat haar dochter hetzelfde moest beleven.

Het probleem is vandaag niet vastgesteld, laat staan opgelost. We zijn afhankelijk van onderzoek, van geld en aandacht. Er bestaat redelijk wat interesse in dit syndroom, maar voor je het weet verflauwt dat weer. Ik denk dat wij te maken hebben met een variant van het Smith-Lemli-Opitz, als we professor Opitz uit Amerika mogen geloven waar we mailcontact mee hebben gehad dit jaar. Stel, over twintig jaar, onze hypothetische dochter wordt per ongeluk zwanger van de verkeerde vent op het verkeerde moment in een onstabiele relatie. De prenatale diagnostische technieken zijn beter tegen die tijd, maar misschien denkt ze wel heel anders en laat ze het kindje sowieso komen. Om maar even een scenario te bedenken. Al die ellende die wij, onze familie en dan ook zeker de ouders van Laura door hebben moeten maken, die gun ik niemand en al helemaal mijn eigen kind niet. Dus dat is voor mij echt geen optie. Het moet stoppen. Dat hebben we al eerder tegen elkaar gezegd. Maar dat is aan de andere kant ook wel heel altruïstisch want het ontneemt ons de kans op het genot van vandaag. Om te kunnen genieten van een gezond meisje dat vrolijk opgroeit en een prachtige vrouw wordt. Het ontneemt ons de mogelijkheid om een gezinnetje te stichten. Ons ideaalbeeld moet worden bijgesteld, wat zeg ik, afgesteld. Tuurlijk, medisch en oplossingstechnisch is er op termijn misschien van alles voor handen, maar dat is surrogaat.

Adoptie

Adoptie, het schiet al snel door je hoofd. En anders zijn er wel anderen die je eraan herinneren. Echt, in de eerste dagen na de geboorte van Lennard schoot het al door mijn hoofd en daarna werd het ons vaak genoeg voorgehouden. Ik vind het geen aantrekkelijke optie. Eerder zou ik iets willen doen wat er daadwerkelijk toe doet, ter plaatse. Niet een kind weghalen uit zijn natuurlijke omgeving. Genoeg kindertjes op de wereld die het moeilijk hebben na tsunami's, overstromingen, hongersnood, oorlogen. Dus met nobele ideeën en het vervullen van een taak kun je nog een heel eind komen. Maar adoptie voelt voor mij als substitutie. Los van de enorme berg energie die het kost om überhaupt zover te komen. Ik weet oprecht niet of ik, Laura en vooral wij samen dat nog overleven.

Hond

Een hond nemen, ook zoiets. Laura wil niets liever, als ze niet zo ontzettend allergisch was. Is het erg dat je er naar op zoek gaat, naar substitutie? Ik denk het niet. Bevalt het ene niet, dan doe je gewoon het andere. Zo gaat het in de liefde, vriendschap, hobby, werk en in het leven. Maar onze jongens zijn niet te vervangen. We moeten alleen wel een manier vinden om onze leemte te vullen. Dat lukt waarschijnlijk niet met zijn tweeën. Ik ben niet zo ambitieus, monomaan en egocentrisch dat ik al mijn energie in mijn werk wil stoppen. Laura net zo min. En dan moet ik gaan waken voor een levenslange dreiging van een depressie. Aan de andere kant: we moeten het ook niet overschreeuwen. Voor zover we daartoe in staat zouden zijn. *Kijk mij eens geen last hebben van het verlies van twee kinderen.* Dus, dat betekent dat ik waarschijnlijk iets moet gaan doen met dit grote verdriet om het naar eer en geweten een kader te geven in mijn leven. Dat zal nog niet meevallen.

Ineens voel ik me lamlendig en wil ik hier niet langer blijven. Misschien zijn we ook wel klaar met die bergen. Maar thuis is het stil zonder onze jongens. Hier is het ook stil, maar in Zwitserland hoort het nu eenmaal stil te zijn. In ons huisje in Nederland is het bovendien nog leeg ook. Ik denk dat het ons gaat overvallen zodra we weer thuis zijn, maar we moeten hier weg. De realiteit weer onder ogen zien en bijvoorbeeld weer aan het werk gaan.

Dat vooruitzicht benauwt me enorm, al krijg ik er straks nog zo veel afleiding voor terug. En diepgang, zorg voor anderen, relativeren, complimenten en oprechte steun. Maar of ik ook echt wíl werken? Kan ik niet beter wat anders gaan doen in die tijd? Iets voor mezelf? Ik zou niet weten wat en met wie. Want iedereen werkt. Collega's, teambesprekingen, patiëntencontacten, opmerkingen, gebeurtenissen, ik weet dat er dingen gaan raken, ik weet dat ik verdrietig ga worden.

Aan de andere kant, wie op de bank blijft zitten wordt ook niet beter. Waarom vind ik eigenlijk dat ik me niet moet aanstellen hoewel ik voortdurend uitspreek dat het echt niet te doen is allemaal? Omdat ik denk dat de anderen het niet begrijpen? Maar ik leef toch niet voor die anderen? En dat is dan mooi dommigheid en naïviteit van die anderen. Zoals een collega, die een kindje verloor tijdens een tweelingzwangerschap, een aantal maanden geleden al zei: 'Nu ik het zelf meemaak, snap ik niet hoe jij in godsnaam gewoon bent gaan werken vorig jaar.'

Nou, zo gewoon was dat ook niet. En zo gewoon zal dat nu ook niet zijn. Lau gaat misschien nog een flinke klap krijgen als ik aan het werk ga en zij alleen thuis achterblijft. En met die wetenschap, dat ze alleen thuis zit verdrietig te zijn, moet ik sterk in mijn schoenen staan. Om niet hard naar huis te willen rennen en in bed tegen haar aan te kruipen.

Dat we samen verder gaan staat vast. De vraag is hoe. Geen flauw idee. Aanklampen aan ons oude leventje? Veilig en overzichtelijk, maar absoluut niet aantrekkelijk. We zochten verandering en verdieping, daarom begonnen we ook aan kinderen. Ergens. Dus nu moet er weer verandering komen. In mijn werk? Jemig, ik heb net een carrièreswitch naar de revalidatiegeneeskunde gemaakt! En daar voel ik me goed bij. Hoewel het gesternte wel heel somber is geweest sindsdien. Maar het afgelopen jaar ben ik bevestigd in mijn switch, hier hoor ik thuis.

Weer aan het werk

In tranen van woede en ontzetting ren ik de trap op.

'Lau, dit is verdomme de laatste dag dat ik voor die lui gewerkt heb!' schreeuw ik. Daarna barst ik uit in een lange huilbui. Lau schrikt zich rot, begrijpt er niets van en pakt me beet.

Tussen de tranen door vertel ik mijn verhaal. Hoe ik me vanochtend vol goede moed, maar met knikkende knieën gemeld heb op het werk. Om mezelf en ons leven weer op te bouwen, want we moeten door. Dat ik exact om negen uur een onverwacht gesprek met de directie en mijn leidinggevende had. Daarin condoleerden ze me eerst netjes, om me vervolgens min of meer op mijn flikker te geven omdat ik de procedure van ziekmelden niet goed had gevolgd. Uiteindelijk draaide het uit op een soort functioneringsgesprek. Tussen de regels door kon ik vrij snel opmaken dat ze er geen vertrouwen in hadden dat het wel weer goed zou komen. Tijdens het gesprek werd ik heen en weer geslingerd tussen twijfel en ontzetting. Waar hebben ze het over? Wat stond ons nu weer te gebeuren? En wie dachten die heren eigenlijk wel dat ze waren om over mijn situatie te kunnen oordelen?

Slotconclusie van dit gesprek: ik moet me melden op een andere afdeling in plaats van op mijn oude werkplek en mijn kansen op de opleiding hier zijn nihil. Een nieuwe tik na mijn hernia en het verlies van mijn twee kinderen. Mijn carrièreswitch heeft me gebracht wat ik wilde: verandering en verdieping. Ik voel me op mijn plek in deze organisatie. Maar kennelijk heb ik de heren van de directie niet kunnen overtuigen van mijn kwaliteiten. Mijn contract loopt af en wordt niet verlengd. In overleg met de bedrijfsarts meld ik me ziek. Ik zal me opnieuw moeten heroriënteren.

De week die volgt is een absolute hel. Ik herken mezelf niet meer. Praat veel en vurig met collega's en mensen om me heen. Ik lig wakker en draai rondjes. Steeds weer hetzelfde verhaal. Vol emoties. Opstandig, boos, onmachtig, overrompeld en onbegrepen. Het onbegrip overheerst, over de situatie, over het waarom en over het gebrek aan inlevend vermogen. Verdomme, *ik ben toch niet van mijn fietsje gevallen?* Maar bovenal voelt het als een gebrek aan erkenning van ons verdriet over het verlies van de jongens. En dat steekt Laura en mij misschien nog wel het meest.

Het nieuws blijkt ook voor veel mensen om me heen én op het werk als een onvervalste linkse directe aan te komen. Mijn naaste collega's zijn verontwaardigd. Ik word overstelpt met kaarten en cadeaus, maar krijg vooral oprechte en verontwaardigde steunbetuigingen. Als ik ook maar één keer tijdens mijn werkzaamheden het idee zou hebben gehad dat ik dit werk niet aan zou kunnen, zou ik me weer tot mijn oude stiel hebben gericht. Na een paar weken totale ontreddering, met een onderhuidse woede die ik nooit maar dan ook nooit meer wil voelen, besluit ik mijn levenspad niet ook nog eens door een stel *managers* te laten afbuigen. Ombuigen, dat moet dan maar, maar niet afbuigen.

In die volledige ontreddering is Laura mijn steunpilaar en wijst ze mij de weg: 'Spullen pakken, wonden likken en wegwezen daar.' Ze heeft gelijk en geleidelijk kom ik tot rust. Een advocaat staat me bij om de zaken netjes te regelen en dat weerhoudt me ervan om een van die horken over de tafel te sleuren en eens flink op zijn lazer te geven.

De eeuwen beschaving die in mijn genen zitten ten spijt: het moet heerlijk zijn om alle agressie de vrije loop te laten en dit soort zaken met de vuisten op te lossen.

LAURA

Zondag 18 september, een maand na de geboorte van Simon.

Vandaag gooi ik de bloemen van Simon weg. De afdruk van het mandje staat nog in het dekentje in het wiegje.

Ik leef nog altijd bij de dag. Niet in het verleden, niet in de toekomst. De confrontatie is er nog niet echt. Toch krijg ik geen goed in beeld in welke fase ik zit. Ga ik te snel of juist heel langzaam? En komt alle shit nog?

We lezen veel boeken. Nergens lees ik over mensen die dit twee keer meemaken, hoe ze de tweede keer reageren. Wat is normaal, wat niet? Cas maakt me onzeker over hoe ik het doe, maar ik volg mijn gevoel en dat voelt goed. Ook al betekent dat soms mijn gevoel uitschakelen of afstand nemen. Overleven. Ik voel me gelukkig niet meer zo leeg als een paar weken geleden.

Dit is mijn leven, I will deal with it. Niemand kan dit begrijpen, ik erger me aan de adviezen van anderen. What the fuck do they know? Ze hebben alleen meegemaakt hoe we de vorige keer hebben gereageerd. Klopt, daar was ik zelf ook bij, maar deze keer is compleet anders.

Simon is anders dan Lennard. Lieve wilde Simon. Altijd in mijn hart, altijd naast Lennard. Dat zal nooit anders zijn, dat moet ik accepteren. Bij Lennard was er niemand anders om aandacht mee te delen, bij Simon altijd. En nu voor Lennard ook. Nu ik het opschrijf snap ik het: daarom voelt het oneerlijk tegenover Simon. Hij moet altijd delen en Lennard heeft een jaar niets hoeven delen.

Maandag 19 september

Het regent pijpenstelen en het sombert in mijn hoofd. Het is maandag, het begin van een nieuwe werkweek. Iedereen wordt chagrijnig wakker omdat het weekend weer voorbij is. Wij doen nog maar eens rustig aan en voelen ons klote. Om alles wat er gebeurd is en nog gebeurt. Hoe kunnen we dit in godsnaam de baas?

Ik voel me dan wel beroerd, maar zo erg als vorige week is het ook weer niet. Dat was absurd te noemen. Razernij, hysterie, decompensatio mentis. Nu is het fysieke pijn en leegte in combinatie met verdriet. Weinig energie, maar toch voldoende om je dingetjes te doen.

Bewegen is heilzaam. Voor lichaam en geest. Die verruimt zich, na zich volledig te hebben vernauwd.

Of het nou voetballen, fietsen, hardlopen, cross training of wandelen is; ik concentreer me op mijn lichaam en loop mentaal leeg. Hoe vermoeider ik raak, hoe minder ik kan denken. Zo voel ik hoe alle boze en verdrietige gedachten, gevoelens van onmacht en ingewikkelde keuzes langzaam verdwijnen. Niet dat ik er helemaal van verlost ben, stel je voor zeg! Maar de pijn van mijn krakende botten en stramme spieren doet me gek genoeg geweldig goed. Overal begint het gloeien, het bloed stroomt sneller door mijn aderen en na afloop doen de gelukshormonen de rest.

Terwijl ik daarna langzaam weer op krachten kom, hoop ik van harte dat ik op dit niveau kan blijven en dat die knagende onzekerheid voortaan wegblijft. Misschien geeft deze laatste tegenslag me juist de energie om verder te gaan. Ik weet nu in elk geval waar ik met mijn werk aan toe ben: de weg bij deze organisatie in deze stad loopt dood. Dat geeft helderheid. We kunnen weer vooruit gaan denken.

Betrekkelijk

Donderdag 22 september

Mijn schoonvader en ik staan in ons goede kloffie, op het punt op de fiets te springen voor het laatste 'verhelderende' gesprek met de directie van de organisatie. Mijn schoonvader is tot de tanden toe gewapend. Het raakt hem diep. En hij heeft per slot van rekening enig recht van spreken, als direct betrokkene en oud-opleider in deze stad. In zijn hoofd heeft hij al wel tien brieven geschreven aan de directie, aan het opleidingsinstituut en aan de vakbond. 'We pakken ze de opleiding af!' Van mij hoeft dat niet. Ik ben rustig. Waardigheid staat voorop. We zoenen Lau en dan gaat plots de telefoon. Het is een goede vriend. Ik hoor Lau zeggen: 'Geweldig, gefeliciteerd man!' maar dan verandert haar toon. Zijn schoonmoeder ligt op sterven en zijn pas geboren dochter blijkt spina bifida te hebben, met nog niet te overziene ernstige beperkingen. Ineens zijn we weer daar waar het echt over gaat: het leven. Hoe betrekkelijk is mijn werkellende in de context van dit telefoontje?

Het wordt een waardig gesprek met de directie, van onze kant dan. De heren doen voor mij volledig af als we elkaar totaal niet blijken te begrijpen over het begrip 'vertrouwen'. Als we naar buiten lopen, lispelt mijn schoonvader tegen me: 'Wat een zegen dat je niet meer voor deze heren hoeft te werken!'

Ik voel de rust over me heen komen. Dit boek kan dicht.

Kort daarna klim ik in pen en telefoon om te solliciteren.

Gewoon onderaan de ladder beginnen en elders een nieuw leven starten. Het afscheid van de afdeling is hartverwarmend en zal me altijd bijblijven. Het is een bevestiging dat ik het goed heb gedaan, dat ik overeind sta en het goede vak heb gekozen. Bovenal is het bevestiging van ons verdriet. Natuurlijk realiseer ik me dat het jammer is, om het eufemistisch uit te drukken, dat het allemaal zo gelopen is, maar tegelijkertijd weet ik dat het beter is om uit elkaar te gaan. Klaarblijkelijk lagen we elkaar niet erg, de directie en ik. Wel had ik een heel prettige samenwerking met medewerkers en patiënten. En dat is vele malen belangrijker. Daar houd ik me aan vast.

Donderdag 13 oktober

We hebben intussen gesprekken gehad over het verleden en de toekomst met de gynaecoloog, het maatschappelijk werk en de klinisch geneticus van het St. Radboud.

In de hal sta ik ineens weer oog in oog met die idiote olifant. Verdomd! Dat houten geval lijkt sprekend op de directeur van mijn werk. Die grote oren, dat lompe, dat overdreven jezelf groot maken: het is hem gewoon. Ik sla de hoek om en kom weer tot rust. Stomme olifant, beetje mijn dag lopen verknallen; donder toch gauw een eind op!

De gesprekken zijn zwaar en emotioneel, vooral na afloop. Alle energie stroomt weg, zo het putje in. We moeten de confrontatie aan met het ontzaglijk emotionele verleden. De bevalling van Lennard en van Simon, de crematies, de nasleep. En we moeten de confrontatie aan met het heden, waar op dit moment ook mijn werk als een sluier overheen ligt. Raak ik het onderwerp aan, drukt iemand op de verkeerde knop, dan ratel ik door. Een ding is zeker, het helpt me niet, alles is gezegd, alles is gevoeld, maar blijven hangen leidt tot niets, ik moet door.

We moeten vooral de confrontatie aan met de toekomst. En ik ben daar zo somber over, dat moet er echt uit. Niet steeds die mitsen en maren, daar komen we niet verder mee. Tenzij ik niet verder wil, en dat moet ik dus onderzoeken. Want er zijn nog mogelijkheden. Niet makkelijk, niet op korte termijn, maar ze zijn er wel. En mijn doemdenken over het krijgen van een meisje is toch weer overboord gegooid door de klinisch geneticus. Net als mijn doemdenken over jongens, dat ze het allemaal zouden krijgen. Ze houden het toch nog steeds op een kans van 1 op 2 voor jongens. Dat is goed nieuws, en ik moet die zwarte scenario's laten varen. Vind ik. Maar ja, hoe doe ik dat? Dat heeft waarschijnlijk tijd nodig.

Voor Laura is het een hele opluchting dat de opties nu op een rij staan. De rust die ze nodig heeft om het verdriet over Simon te verwerken. En dat gaat haar wel lukken, daar heb ik alle vertrouwen in. Op haar manier, in haar tempo, met haar emotie.

Zondag gaan we weer naar Zwitserland. Aanvankelijk stond me dat enorm tegen: weer die godvergeten bergen, de eenzaamheid, dat eindeloze gewandel, maar nu heb ik er wel zin in. Even overal een streep onder zetten. Telefoon eruit, mail eruit. Laat die Gruyère en Fendants maar aanrukken!

IVF en PGD-traject

Keuzes

Volgens de specialisten van het St. Radboud ziekenhuis gaat het om een X-gebonden afwijking en zal naar alle waarschijnlijkheid de helft van onze eventuele zonen hetzelfde syndroom krijgen. De exacte aard van het syndroom is niet bekend, maar het lijkt op het zogenaamde SLO-syndroom, zij het dat 'ons syndroom' vrijwel zeker *niet* met het leven verenigbaar lijkt. Daarnaast blijkt prenatale diagnostiek naar dit eventuele syndroom helaas onmogelijk, omdat men simpelweg geen exacte diagnose heeft en niet weet waar precies naar te zoeken. Zo blijven de volgende mogelijkheden over:

1. Toch nog een keer proberen om via de natuurlijke weg zwanger te worden, hopen op een meisje en kijken waar het schip strandt.

2. Stoppen met proberen en samen verder zonder kinderen.

3. Adopteren.

4. Begeleiding vanuit het Pre-implantatie Genetische Diagnostiek-centrum in Maastricht om een vrouwelijk embryo via IVF-procedure terug te plaatsen.

Optie1 gaat niet meer, daarvoor zijn de wonden te groot. Aan optie 2 zijn we nog niet toe. We voelen van binnen zo sterk die allesoverheersende behoefte aan de zorg voor een kindje. Opgeven kunnen we eenvoudigweg nog niet.

De 3e optie, adopteren, onderzoeken we voortdurend, eigenlijk al vanaf de geboorte van Lennard. We staan ook ingeschreven voor de adoptieprocedure, maar als puntje bij paaltje komt en we een cursus moeten volgen, haken we af. Het voelt eenvoudigweg niet goed, het is niet ons pad. Onafhankelijk van elkaar, eerst voorzichtig uitgesproken, dan daadkrachtig onderstreept. We besluiten ons terug te trekken uit de adoptieprocedure. We komen ook na al die jaren niet terug op deze beslissing.

Blijft over optie 4. Al snel na het overlijden van Simon krijgen we het advies van de gynaecologen en klinisch genetici van het St. Radboud ziekenhuis een zogenaamd Pre-implantatie Genetische Diagnostiek (PGD) traject in het Universitair Medisch Centrum Maastricht te volgen. PGD is een In Vitro Fertilisatie (IVF)-methode met geslachtsselectie, waarbij Laura een hormonale stimulatiebehandeling zal ondergaan. Dan worden zoveel mogelijk eitjes geproduceerd die vervolgens buiten de baarmoeder na bevruchting met een zaadje van mij uitgroeien tot embryo's. In het achtcellige stadium worden deze embryo's vervolgens op geslacht onderzocht. De vrouwelijke embryo's kunnen dan, mits voldoende van kwaliteit, gebruikt worden voor terugplaatsing.

Op papier en ook in de praktijk lijkt dit de enige manier om zeker te weten dat Laura niet zwanger zal worden van een jongetje. Naar alle waarschijnlijkheid bestaat bij een jongetje 50 procent kans op het levensbedreigende syndroom. Meisjes worden niet ziek van het syndroom, maar kunnen wel draagster zijn, net als Laura en haar moeder. En ook daar hebben Laura en ik toch echt even bij stil moeten staan. Want het laatste wat Laura's moeder had willen doorgeven aan haar dochter was natuurlijk wel de genetische aanleg tot het krijgen van zonen met aangeboren afwijkingen *die niet met het leven verenigbaar zijn*, haar eigen grootste nachtmerrie: het overlijden van haar zoon Alexander kort na de geboorte. Maar Laura's moeder wist niet dat ze het doorgaf, ze had immers twee gezonde kinderen, het werd destijds gezien als een incident. Wij weten dat nu wel. En toch, wij besluiten hiervoor tijdelijk de ogen te sluiten. Wellicht is er tegen de tijd dat onze eventuele dochter een kinderwens zal krijgen een oplossing voor het probleem. We zijn daar allerminst van overtuigd overigens, dat is van zoveel factoren afhankelijk. Heel diep van binnen voelt het slecht, maar we besluiten voor een deel naïef te zijn. En we zetten door.

Hoera! De geboorte van mijn boek *Bram Breedveld, spits van Oranje* is een feit. En ook mooi: een opleidingsplaats revalidatiegeneeskunde bemachtigd! Ik ben trots. Trots op mezelf en trots op ons.

LAURA

Het lukt me niet meer om te schrijven. Ik ben een coaching opleiding aan het volgen, dat geeft mij een mooie plek om mijn verdriet meer ruimte te geven, door te praten en te voelen.

Casper geeft mij die vrijheid, maar vraagt wel of ik zijn manuscript door wil lezen, hij wil ons verhaal graag uitbrengen. Heb gezegd dat het nog niet uit kan komen, mijn verhaal is nog niet af. Wanneer wel, vraagt hij. Weet ik veel, nu niet.

2006

We zitten kort voor het einde van de eerste stimulatiecyclus. Laura ligt te kronkelen in bed van de pijn in haar buik. Ik bel het ziekenhuis, ze mag direct komen. Daar blijkt dat Laura maar liefst 21 eitjes in haar eierstokken heeft, wat kan leiden tot een zogenoemd overstimulatiesyndroom. Een PGD-cyclus, met als doel zoveel mogelijk eitjes te genereren, is gewoon een risicovolle medische handeling. Tot we voor de punctie naar het Academisch Ziekenhuis Maastricht moeten, brengt Laura daarom de tijd door op de bank.

Wat een vervelende weg toch naar Maastricht, als je uit Arnhem komt. Vooral dat stuk niemandsland naar Venlo. Plat, nietszeggend, geen boom of struik te bekennen. Bij Venlo wordt het nog erger. Links en rechts aspergestekers. Voorovergebogen in ouwe vodden graven krakende ruggen en knokige knuisten zich een weg naar een fatsoenlijk rantsoen. Een lichte motregen daalt neer op hun lijven. Wat een treurnis.

Op de A2 wordt het niet beter. Daar doemen de pijpen van het DSM-complex op. Zal ik nog meer gas geven? Wie wil hier nou niet weg?

Dan komen we eindelijk aan in Maastricht, stad van de bourgeoisie, van uiterlijk vertoon, van lust en leven. Laat het onze stad van leven worden! Laat ons hier dansen, sjansen, vrijen en kindjes baren. Maastricht, verlicht ons, verleid ons, verblijd ons! Alsjeblieft.

Op de dagbehandeling moeten we zijn. Laura kan niet zo

ver meer lopen, maar weigert in een rolstoel te gaan zitten. Dat doet haar te veel denken aan de crematie van Lennard, toen ze vanwege de keizersnee ook in een rolstoel zat. We lopen dus langzaam de gangen door. 's Ochtends vroeg is het stil in het ziekenhuis, onheilspellend stil. Misschien dat die penetrante ziekenhuislucht daarom al onze zintuigen overspoelt.

In de wachtkamer zwijgen we. Laura hangt wat tegen me aan. Als de zuster haar komt halen gaat ze kordaat achter haar aan. Een vrouw met een missie. Ik heb een brok in mijn keel en een klamme rug. Maar wacht eens even: ik heb dezelfde missie! Snel loop ik naar de afdeling IVF. De dame bij de balie, midden vijftig, kort grijs koppie, is ervaren en stort de procedure over me uit. Haar woorden gaan compleet langs me heen. Wat nou procedure: het gaat me vast wel lukken. We have been there before, lady!

In de wachtkamer zie ik boven twee kamertjes rode lampjes branden. Ik ga zitten en lees een krantje. Tralala, kijk mij eens lekker ontspannen en geroutineerd zitten. Dan zwaait de deur van kamertje één open. Hoe loop je zo'n kamertje uit als iedereen in de wachtkamer weet wat je daar binnen uitgespookt hebt? Het hoofd van de man, dik in de veertig zo te zien - vast zijn tweede leg; tja, dan duurt het allemaal wat langer - is knalrood. Zonder op of om te kijken snelt hij naar de balie. Dat lijkt me een prima methode.

De zuster roept mij en geeft twee potjes. Hoezo twee? 'Het lijkt me nogal lastig met twee potjes', murmel ik. Zuster zegt dat het iedereen lukt. Zonder knoeien. In het kamertje zie ik meteen die baas van zo even voor me. Die heeft hier net geonaneerd. Nu ben ik aan de beurt. Ik voel weerzin, vooral als ik naar de porno kijk die klaar ligt. Mannen met snorren en vrouwen met slappe tieten. Niet zeuren maar doen, weet je wat Laura allemaal moet doorstaan, zeg ik tegen mezelf. Het 'tweepotjes-beleid' schiet ineens door mijn hoofd! Ik klungel snel de doppen van de potjes af en vervolg mijn weg. Het lukt. Maar niet zonder knoeien. Geen idee hoe anderen dat voor elkaar krijgen.

Terug op de PGD-afdeling mag ik van de zuster bij Laura kijken. Ze is nog ergens in niemandsland. Ze mompelt en mijmert wat, niet bepaald mijn favoriete scène. Ik streel haar hand.

De IVF-dokter vertelt niet veel later dat het allemaal goed is gegaan. Er zijn 21 eieren uitgezogen, het zaad is goed, we zijn klaar met ronde twee. Overmorgen worden we gebeld hoeveel er bevrucht zijn, vervolgens moeten we afwachten hoeveel er geschikt zijn voor terugplaatsing en een paar dagen later vindt de terugplaatsing plaats.

Mislukt

Mislukt. De embryo nestelt zich *niet* in Laura's volledig voorbereide en opgepluste baarmoeder.

Hoeveel kunnen we aan? We hielden nergens rekening mee. Heus niet, echt niet. Maar toch. Het is rauw, hard, oneerlijk en eigenlijk gewoon klote. Uithuilen en opnieuw beginnen, ons oprichten en doorgaan.

Dat verhaal komt me zo langzamerhand bekend voor.

Er volgt nog een aantal terugplaatsingen van ingevroren embryo's, allemaal met dezelfde hoop en vrees en allemaal even kansloos. Langzaam bekruipt ons het gevoel dat het niet kan, dat het niet mag. Zoveel vragen we toch niet? Alleen maar een dartelend meisje met springende vlechtjes.

Aan het eind van de eerste cyclus, merken we ook waarom de begeleidend PGD-arts zei dat het een heel overwogen keuze is geweest om slechts drie volledige pogingen te vergoeden. Het komt zelden voor dat artsen daarna voorstellen er nog eentje te doen. Nu begrijpen we waarom. We zijn na één exercitie al volledig gesloopt en Laura heeft een fysieke aanslag van jewelste ondergaan. Bovendien wordt de hele procedure overschaduwd door het verlies van de jongens. We drukken het weg, willen er omheen, maar het lukt niet.

Laura en ik vervallen in gekibbel en gekift. Ook al is dat het laatste wat we willen: het gebeurt. Ruzie over de verbouwing van ons nieuwe huis bijvoorbeeld. Er valt zoveel te kiezen en zoveel te regelen. Soms hebben we moeite de schoonheid van alles te zien en worden we kritisch. Op elkaar. Je mag best zeggen dat je het niet mooi vindt, natuurlijk. Maar, nu even niet. Want ik ben zo trots op mijn net geverfde muurtje. En ik wil nu alleen maar dat het goed gaat. Dat alles goed komt. Dat we geen gedonder hebben om een grijs vlekje op een wit muurtje.

Ik val stil. Ik kan het niet meer. Ik stop ermee. Laat me alleen. Stil en alleen.

Ik vind mezelf weer op een vakantie in Australië. Zon, zee, strand, ruige natuur, een bezoek aan goede vrienden en drie weken lang de hele dag horen: 'No worries, mate, no worries.' Ik ga het bijna geloven. 'No worries mate.'

We nemen bij thuiskomst nog eens alle feiten en mogelijkheden door. Want juist nu moeten we weer precies van elkaar weten wat we vinden, voelen en denken.

Een aantal zaken biedt ons houvast. Laura had een broertje, Alexander, dat na een normale zwangerschap maar een paar uur heeft geleefd. In de beschrijving van de scherpe gynaecoloog destijds, had hij dezelfde uiterlijke kenmerken als Lennard. Lennard had na een normale zwangerschap een heel scala aan aangeboren afwijkingen en heeft precies één week mogen leven. Simon lijkt tijdens de zwangerschap hetzelfde syndroom te hebben gehad als zijn broer Lennard. We breken de zwangerschap van Simon af en Simon overlijdt kort erna. Lennard, Simon en Alexander lijken dus hetzelfde syndroom te hebben. Gekoppeld aan de bijna 'zoonloze' stamboom in Laura's familie van moeders kant, geeft dit de aan zekerheid grenzende waarschijnlijkheid dat wij geen gezonde jongens kunnen krijgen met een zwangerschap langs de natuurlijke weg.

Nieuwe poging

In de zomer van 2007 gaan we nog een poging wagen in het PGD-traject. Met alles erop eraan. En we bereiden ons voor op deze zware exercitie. Weer die ellenlange tocht in de auto, langs velden met aspergestekers, de leegte rond Venlo die wordt gevuld met een trieste motregen. Daar moeten we opnieuw doorheen. Hoewel, van wie moeten we eigenlijk door? Van niemand anders dan onszelf. Langzaam wordt het duidelijk, we kunnen deze ingeslagen weg niet vermijden, we kunnen niet meer terug. Het moet af, anders kunnen we niet verder met ons leven. Anders zullen we altijd spijt hebben dat we niet hebben doorgezet.

Lau wordt volgepompt met hormonen en die beïnvloeden haar humeur, haar temperament, haar kracht en uiteindelijk ook haar uithoudingsvermogen. Pijn, prikken, vermoeidheid en onzekerheid. Het komt weer, in alle hevigheid. Maar we zetten ons schrap en Lau laat zich niet kennen. Zij concentreert zich op een naderende punctie, ademt ontspannen: ze weet waar ze het voor doet. Als de naald eruit is, zakt Lau weg en valt flauw. Prikkeling van het buikvlies, volgens de zuster, in combinatie met de spanning, volgens de dokter. Maar beangstigend is het wel.

Mijn gedachten gaan terug naar toen, in het St. Radboud ziekenhuis tijdens het gesprek met de dokter over de prognose van Lennard. En vlak na de crematie van Simon; toen ging ze ook tegen de vlakte. En nu, na de zoveelste fysieke en emotionele aanslag protesteert haar lichaam opnieuw.

‘Het valt wel mee, meisje’, hoor ik de zuster zeggen. Pardon, realiseert zo’n vrouw zich wat ze daar zegt? Dit valt helemaal niet mee. Twee jaar in het teken van de PGD na het verlies van twee kinderen. Ga dan niet roepen dat het allemaal wel goed komt, want dat weet geen mens. Hoe goed bedoeld ook, zo’n zuster kan beter haar mond houden. Ze kan beter een arm om ons heen slaan, heel even maar. Omdat we zo alleen staan in ons gevoel.

We kijken elkaar aan. Ik denk dat ik weet wat jij voelt. En ik weet wat jij denkt dat ik voel.

Manmoedig maar zonder succes. Want, zoals niet veel later blijkt: er is weer geen innesteling in de baarmoeder van de zorgvuldig gekweekte vrouwelijke embryo’s. En dus geen zwangerschap.

En nu?

Weer likken we onze wonden. Tijdens een strandwandeling proberen we toe te geven aan ons gevoel. Tegelijkertijd is het een weldaad zoals de straffe wind over onze wangen blaast. Laura is soms wanhopig, tot op het bot verdrietig en veel 'weker' dan ik haar ken. Wel heeft ze direct weer de behoefte om zich af te vragen hoe we verder moeten. Daar ligt een verraderlijke valkuil, want we zitten allebei echt anders in elkaar. Ik ben er absoluut nog niet aan toe om over de toekomst na te denken. Eerst moet ik hier overheen zien te komen.

Laura is direct stellig: ze wil nog een poging ondergaan. Sterker, ze wil weer zwanger worden via de natuurlijke weg! Een weg die ik allang verlaten heb, maar die zij klaarblijkelijk de afgelopen weken in stilzwijgen heeft uitgedacht. Ik ben eerst met stomheid geslagen en reageer direct bot en afwerend. Daarmee ga ik voorbij aan wat zij voelt en denkt. Maar dat geldt net zo goed voor haar: zij vindt het belachelijk dat ik het níet wil. Zíj moet toch alle pijn doorstaan?! Die blijft mij bespaard...

Zo staan we ineens lijnrecht tegenover elkaar op het grote, kille en verlaten strand bij Kijkduin. En vinden we van alles. Maar niet elkaar. Want dat kan ze toch niet menen? Tuurlijk heeft Lau het zwaarder; daar bestaat bij mij geen twijfel over. Maar dat betekent niet dat deze periode voor mij niet zwaar is. Ik wil dit allemaal niet meer. Dat is mijn eerste reactie en ook mijn tweede en derde trouwens. Ik heb schoon genoeg van alle pijn, verdriet, de open wonden. Ik wil weer plezier, lichtheid en gemak. Niet dat lood- en loodzware. Niet die energiestroom die in het oneindige verdwijnt. Die dag komen we niet meer tot elkaar en laten het rusten.

Mijn baas beschikt over een buitengewoon fijnzinnig gevoel voor timing want uitgerekend op de volgende dag uit de man zijn twijfels over het voortzetten van mijn onderzoek. Ik besluit zijn kanttekeningen even naast me neer te leggen en beleef die week een geweldig productieve periode. Niet nadenken maar doorrammen, is mijn adagium.

Het samenzijn met Lau verloopt moeizaam. Ik vind dat we meer tijd nodig hebben, maar Laura is ongeduldig en deelt haar plannen zelfs met haar vriendinnen. Ik voel me onder druk gezet en reageer bot en lullig. Je hoeft geen relatiepsycholoog te zijn om in te zien dat een stel met het grootste gemak uit elkaar kan knallen bij dit soort gebeurtenissen. Waar we alles tot nog toe uiteindelijk samen hebben doorstaan, dreigt nu explosie.

Er is veel strijd en we zien kans elkaar op de pijnlijkste plekken te raken. Ja, die weten we wel te vinden zo onderhand. Ik heb het gevoel dat ze me niet serieus neemt. In plaats daarvan zet ze me juist extra onder druk. Maar ik pieker er niet over om zwanger te worden via de natuurlijke weg. Uitgesloten: ik zou het niet eens kunnen. Misschien dat laatste nog het meest. Onmachtig voel ik me. We hebben het over het scheppen van nieuw leven, maar dat betekent in ons geval vooral een grote kans op het afbreken van leven. En ik zou het echt niet over m'n hart kunnen verkrijgen om nog een zwangerschap te beëindigen.

Wel blijven we in gesprek en voorzichtig zet ik de voors en

tegens tegenover elkaar. Ook Laura wordt milder, minder stellig in elk geval. Langzaam komen we weer wat dichter bij elkaar. Het is geen toeval dat dit gebeurt in een weekend dat vol staat van de vrolijke familietaferelen. En daar ligt veel van onze gedeelde pijn: bij een gezellig samenzijn met de familie. Die hebben we niet en misschien krijgen we die ook wel helemaal nooit. Die gedachte blijft onverteerbaar.

We besluiten binnenkort in alle rust met een psycholoog te praten. Daarnaast gaan we opnieuw een gesprek aan met de PGD-arts in Maastricht. Ik vertrouw erop dat het goed komt, maar het doet me veel pijn. Niet alleen de pijn dat het helemaal over is met onze kinderwens. Vooral ook de angst dat we er niet hetzelfde over denken en we elkaar kwijt kunnen raken. Daar kan ik niet mee leven.

Natuurlijke weg 2007

Onbeschermd vrijen, een bewuste keuze is het niet. Maar soms is het gewoon fijn om niet altijd over consequenties te hoeven nadenken.

Laura doet een zwangerschapstest, loopt naar mij toe en wijst. Hij kleurt een beetje aan.

Er volgen twee dagen van totale onrust. We zijn compleet van de kaart en worden heen en weer geslingerd tussen alle denkbare uitersten. Als een soort zombies dwalen we door het huis. Dan weer als geliefden, maar net zo makkelijk als gezworen vijanden. De liefste glimlach verandert in de bitterste grijns. Een zucht van verlichting gaat over in een schreeuw van ontzetting. Hier de warmte van een intense knuffel, daar de kou van een genadeloze afwijzing.

En dan wordt Lau ongesteld. Allebei voelen we een ongelooflijke opluchting. Tussen het verdriet door. Wat als het een jongetje zou zijn? We kunnen niet nog een keer een leven afbreken.

De natuurlijke weg is echt niet de onze.

Laatste poging, voorjaar 2008

We hebben een bijzondere sessie met Wibe Veenbaas van Phoenix Opleidingen in Utrecht. We komen tot elkaar. We weten het zeker. We komen eruit. We kunnen stoppen. Straks. Nu nog niet. Nog één keer. Maar we kunnen stoppen. Hiervoor zijn we hem eeuwig dankbaar. Omdat we het soms niet alleen redden.

Vandaag is de eerste dag van de laatste poging om een gezonde zwangerschap te bewerkstelligen. De laatste poging om onze levensdroom te realiseren. Kleiner kan en wil ik het niet maken. Tot onze opluchting kunnen we de procedure in Utrecht ondergaan. Alleen de uiteindelijke geslachtsbepaling vindt in Maastricht plaats, zonder de lijfelijke aanwezigheid van Laura of mij. Het lange en veelvuldige reizen blijft ons bespaard. Daarnaast neemt Laura twee maanden vrij van haar werk. Misschien helpt het.

Laura was voor het eerst zwanger in december 2003, vijf jaar geleden. Ik zie ons nog op haar verjaardag, op de Spoedeisende Hulp van het ziekenhuis zitten omdat ze zo'n pijn in haar buik had en wat bloedverlies. 'Ik vind er niets aan, aan dat zwanger zijn, wat een onzekerheid.' Wist zij veel.

Vandaag start ze weer met het spuiten van hormonen om de cyclus te reguleren. Zenuwslopend en energieverslindend. Wie weet valt het geluk dan toch onze kant op. Niet dat we over geluk hebben te klagen. We zijn gezond en gezegend met tal van mogelijkheden in het welvarende Nederland. Toch valt niet te ontkennen dat we ook een hoop pech hebben gehad.

De hele dag hoor ik om mij heen gesprekken over kinderen. De geneugten, de ongemakken, de zorgen. Zelf praat ik over mezelf, mijn werk, over Lau. Maar niet over kinderen. Soms praten we mee. Over kinderen van anderen. Van onze zussen, van de buren, van vrienden. Het verzacht iets. Maar het heelt niet. Zeker niet bij mij, het lukt me niet.

Heb ik nog hoop? 15 procent kans op succes is ook 100 procent hoop op die kans. We doen ons best. We prikken Lau lek en wachten af. Alle voorwaarden zijn er. Nu nog een beetje geluk. Wie weet.

Of Laura wel of niet zal menstrueren bepaalt onze levensweg, zo simpel is het eigenlijk. We liggen in bed, het is half acht, dag 13 na de terugplaatsing. Lau gaat naar het toilet. Ik weet niet of ik mee moet. Ik blijf liggen en ben alert.

'Je zou toch zeggen dat er niets is', hoor ik haar brommen.

Ik stap uit bed, ben in drie passen bij haar.

'Of toch wel', en zie met haar een donker streepje in de diepte.

We kijken naar het wc-papier en zien rood bloed. Helder rood bloed. We weten genoeg. 'Het kan nog een innestelingbloeding zijn', zegt Lau. Maar haar stem klinkt zwakjes: het is tegen beter weten in.

Geen Houdini-act voor ons. Niks geen innesteling. Dit is menstruatie. Het einde. We staan met lege handen. Klaar zijn we, uitgeteld. Laura is direct heel verdrietig. Gelukkig maar, ze voelt tenminste iets. Dat kun je van mij niet zeggen: ik ben leeg.

Plots hoor ik Laura boven roepen. 'Cas, kom snel, we hebben lekkage!' Welja, dat kan er ook nog wel bij! Het plafond in de badkamer is zeiknat. Ik denk niet lang na en bel de aannemer, die diezelfde ochtend nog langs kan komen. We stellen de strandwandeling uit. Het lek komt van boven, vanuit de beoogde kinderkamer.

De tocht naar de zee is zoals verwacht, stil en lang. Op het strand lukt het ook niet echt. Het is lekker weer en het strand redelijk verlaten. We drinken koffie op een terras, dat vol stroomt met jonge moeders met kinderen en baby's. Er is geen ontkomen aan. Ik laat het langs me heen gaan. We lopen een eind over het strand en gaan zitten, vallen in slaap en verbranden. Het kan ons niet schelen. Iets van rust daalt neer, maar meer ook niet. We gaan terug naar huis, daar zijn we veilig. Maar ook thuis voelt het niet lekker. We zijn verslagen. Tegen allerlei randzaken kunnen we vechten als leeuwen, maar niet tegen het leven zelf. Het heeft niet zo mogen zijn. Ons pad is anders. Het is niet Ons Plan. Je zou er spiritueel van worden om het allemaal te kunnen bevatten en een plaats te geven.

Geef ons een reden. Dit overkomt ons toch niet zomaar? Het zal toch wel een functie hebben? Ergens? Deze vragen leveren niets op, behalve een onpeilbare leegte. Want ik geloof gewoon niet dat het een reden heeft. Het overkomt ons, niet meer en niet minder. We hebben pech, veel pech. En dit is ons lot. Zoals zoveel mensen een lot hebben. We moeten er niet meer tegen vechten, maar we moeten leren mee te buigen. En we moeten energie opdoen voor straks. Als we verder moeten.

Koninginnedag

Blije en vrije mensen overal om ons heen. Laura en ik hebben er ook zin in. We hoeven geen verantwoording te nemen, vandaag tellen alleen jij en ik. We lopen Zeist in. Overal blije kinderen, zwangere vrouwen of rollende Bugaboo's. Koninginnedag in Zeist is vooral Gezinnendag.

Snel fietsen we door naar Utrecht, een stad van de twintigers. Maar dat zijn we niet meer. Iedereen lijkt jong, vrij in het hoofd en vrij in het hart. Wij ook. Maar wij zijn vooral eenzaam en alleen. Geen soulmates te bekennen.

Thuis klagen onze vrienden over Koninginnedag vroeger. Weet je nog hoe we samen starnakel bezopen werden? En kijk mij nu met luiers en speelgoed in de weer en voor de zoveelste keer bijkomend van een nacht vol babygekrijs?

En wij? Wij gaan de hort op. Terwijl we daar eigenlijk niets voor voelen. Lekker hoor, doen alsof je weer fris en vrolijk en 22 bent. Slenteren, slempen, dansen en genieten. Maar dan komt de klap, onherroepelijk. Vroeg of laat, vanavond of morgenochtend. Thuis op de bank. Dit is niet wat ik wil. Hoe we ook ons best doen. We willen alleen zijn en besluiten een bootje te pakken en het water op te gaan.

We stromen mee en dobberen voort. Maar waar gaan we eigenlijk naar toe? Vanaf ons toch wel comfortabele en veilig lijkende bootje bekijken we de langs drijvende vaartuigen. Die meren met het grootste gemak bij elkaar aan. Er worden gebeurtenissen en ervaringen uitgewisseld. Over doorwaakte nachten, oppasmeisjes, zwemlessen, sportclubs, buitenschoolse opvang, CITO-toetsen en schoolkeuze. Op het dek daar, ver boven ons dobberende bootje lijken de gezinnen spontaan in elkaar over te gaan. Af en toe klimmen we aan boord van zo'n boot. Een bedrijvigheid van jewelste, met weinig tijd voor elkaar en voor zichzelf.

De schok is voorbij. Voor ons, maar vooral voor de bemanning van de andere schepen. Hun leven gaat voort. Maar wij staan met lege handen. Mijn god, wat mis ik mijn kereltjes! Dat wij nu ook op een schip zouden drijven met een ronddolende Lennard. Met een ontembare Simon. Die nu zou lopen en brabbelen. Die ik een balletje toeschiet. Die mij ondersteboven wil lopen. We stappen terug op ons bootje en drijven maar weer verder.

Even later klauteren we op een net gerenoveerd jaren dertig-schip en nestelen ons in de warmte van onze vrienden. 'Hoe kijk je nou terug op de laatste vijf jaar?' vraagt een goede vriend. Daar heb ik niet zo gauw een antwoord op. Ik word overvallen door ernstige oververmoeidheid. Tot in mijn poriën voel ik pijn en lusteloosheid. Zo voel ik me eigenlijk al maanden.

Maar gelukkig niet altijd, zoals rondom mijn voordracht op een congres in Zuid-Afrika in 2008. Toen voelde ik rust, was ik zeker, sterk en daadkrachtig. Stond ik toch maar mooi op de sterfdag van Lennard de wereld te vertellen wat ik onderzocht had. Een van de sterkste momenten uit mijn leven, vind ik zelf tenminste. Ik probeer het mijn vriend uit te leggen en daar gaat een helende werking van uit; ik zit honderduit te praten. Moet ik vaker doen. Ook ik heb gehoor nodig voor mijn pijn, mijn strijd en mijn grote gemis. Het voelt soms nog zo onwezenlijk. Alsof het helemaal niet om mij gaat. Alsof we nog jong zijn en volop kansen krijgen. Het ligt toevallig net even anders en dat weet ik zo langzamerhand dondersgoed. Wij moeten door met zijn tweeën.

Vannacht nog. Ik ga slapen maar word een paar uur later hyperventilerend wakker. *Ik ben geen vader,* spookt er door mijn hoofd. Ik loop naar het toilet, mijn hart raast, het zweet breekt me uit, ik zak op de grond. Ik stop ermee, wil niet verder, weg van hier, weg van het leven. Het duurt maar even, maar lijkt een eeuwigheid. Langzaam herstel ik, vooral door diep in te ademen. Ik voel dat het iets heel dieps is. Dat, als dat gevoel blijft, het einde in zicht is. Ik weet wel beter. Maar op zo'n moment van totale ontreddering, om drie uur 's nachts in een donker en koud huis, ben ik het even kwijt allemaal.

We drijven door. Een goede vriendin peddelt op ons af. Ik zie het in haar ogen, ik merk het aan haar manier van ontvangst. De boodschap komt snel en wordt opvallend onopvallend uitgesproken.

'Cas, Lau, ik moet jullie wat vertellen: ik ben zwanger.'

De blijheid, het warme gevoel, de absolute, allesovertreffende trots. We zien het, voelen het. Tegelijkertijd ontdek ik ook de angst en onzekerheid van de ander. De angst van de afwijzing. De onzekerheid om onze reactie, misschien.

Mijn eigen reactie is compleet onvoorspelbaar. De ene keer is er oprechte blijdschap en soms gaat het helemaal anders. Krijg ik een klap in mijn gezicht. Dan worstel ik met mezelf, met elkaar en met ons gevoel.

Ik probeer uit alle macht mijn gezicht in de plooi te

houden. 'Het kwam volledig onverwacht, nou ja, na twee zwangerschappen ben je er niet meer zo mee bezig.'

Waarom wij niet en zij wel? Toe maar, nog eentje erbij, welja! Gelukkig laat ik die gedachte toe, ik schijf het hier zelfs op en dan is het ook klaar. Als ze maar lief zijn voor hun kinderen.

Links en rechts vallen de kinderen uit de hemel. 'Iedereen wordt maar zwanger', zegt Laura. Ze laat haar tranen de vrije loop. Dan, onverhoeds: 'Zullen we het niet nog een keer proberen?'

Ik schrik me rot, maar tegelijkertijd begrijp ik haar maar al te goed. Gisteren bleek mijn zus voor de tweede keer zwanger. Cadeautje van de natuur: ze had haar kinderwens al een tijdje geleden opgegeven. We zijn dolblij voor haar en haar man, voor onze hele familie, maar het brengt onze eigen situatie plotseling weer pijnlijk dichtbij. Uiteindelijk komt het altijd goed, behalve bij ons. Ik vraag door en laat Laura praten.

Eén vingerknip en we zijn terug in de tijd. Het blijft raar. We zijn in de kracht van ons leven, zo vruchtbaar als het maar kan en toch gemankeerd. Er is alleen niemand die het ziet. We hinken niet, slepen niet met een been, lopen niet met krukken, we trekken niet met een oog. En toch ontbreekt er iets aan ons.

We gaan aan boord van de feestboot. Na een stroef begin dartelen we uitgelaten rond. Hee, ik ken iedereen! Dat kan kloppen, want het is mijn eigen feestje! Verjaardag, promotie of wat dan ook; we kunnen niet zonder feestje.

'Wat ik zo mooi vind aan jullie, is dat jullie zoveel liefde en plezier blijven uitstralen! Als het bij jullie ooit kapot gaat, verlies ik mijn vertrouwen in de mensheid!' zegt een goede vriendin.

Mooie woorden maar ze drukken plots heel zwaar. Vorige week nog, vraagt een goede vriend zomaar: 'Cas, weet je eigenlijk wel echt zeker dat je bij Laura blijft, ik bedoel jij kunt gewoon gezonde kinderen krijgen, toch? Dat moet je toch wel uitzoeken lijkt me.' Ik voel een enorme boosheid opkomen, maar weet die te onderdrukken. Want hoe durft hij, hij is juist zo gesteld op Laura! Maar wat heeft hij een punt als ik kort daarna in een woordenstrijd met Laura om niets ineens schreeuw: 'Pas maar op jij, weet je wel wat ik voor jou opoffer?' Bij het uitspreken staar ik in een grote lege ruimte achter Laura's ogen. 'Als jij dat vindt, dan moet je gaan. Hier kan ik niet tegen vechten.' En ze draait zich om en begroet mij die dag verder met ijzige kilte. Het is me direct duidelijk, dit in en in trieste en bovenal oneerlijke argument brengt mij bij het donkerste deel van mijn zijn. Ik besluit het grondig te onderzoeken en ben er snel uit: ik koester onze liefde, die boven mijn kinderwens uit stijgt. Want die kinderwens is deels gevuld, met Lennard en Simon. Ik ben vader voor het leven.

We varen een andere boot voorbij. De buurman, die we vorige week nog op de koffie hebben gehad en ons hele verhaal heeft gehoord, stapt in zijn nette pak op zijn boot. Wat we gaan doen, wil hij weten.

'Oh, happie eten in het dorp.'

'Ah, jullie gaan weer genieten van het leven zonder kinderen!'

Hoorde ik dat nou goed? Ik kan geen antwoord vinden,

alleen doorpeddelen en van heel ver een verdwaasde grijns tevoorschijn toveren.

Het wordt druk aan boord: het draait warempel uit op een soort straatfeestje.

'En eh, adoptie, heb je daar al aan gedacht?' vraagt een bekende.

Nee joh, wat is dat, leg eens uit? Is nooit bij me opgekomen. Ik onderdruk mijn cynisme en vertel kalm en onbewogen dat we die optie inderdaad overwogen hebben, maar dat het niet onze weg is.

'Ach, het leven zonder kinderen heeft ook veel te bieden.' Zegt hij. En dat is ook zo.

Wezenloos staar ik over het water. Nog maar een biertje uit de koelbox. Ik onderdruk de neiging om hier ter plekke, ten overstaan van vrienden, bekenden, buurtbewoners en wie het verder maar wil horen, een uitgebreide voordracht te houden over de omgang met stellen die - hoe zal ik het eens formuleren - na een bittere strijd ongewild kinderloos zijn gebleven. Maar ik weet me wonderwel te beheersen: vermoedelijk zal ik nog wel vaker in dit soort situaties terechtkomen. Kennelijk is het aan mij om daar op de juiste manier mee om te gaan. Op dat moment word ik op mijn schouder geslagen door een kennis van een vriend: 'Zeg, hockeyen jouw kinderen ook bij Scharweijde?'

Ach, en dan zijn er nog de kinderen zelf, die vrolijk ronddartelen op de boten. Eerlijk en ontwapenend:

'Mamma, waarom zijn hier bij Laura en Casper geen kinderen om mee te spelen?'

'Pap, waarom hebben ze hier geen speelgoed?'

'Weet je Laura, wij waren laatst bij kleine Tim, ja, die is namelijk wel gelukt!' zegt een vierjarig meisje.

'Oh, gaan jullie op vakantie, best jammer dat Lennard en Simon er niet meer zijn, hadden ze mooi meegekund!' zegt een kereltje.

We stappen weer terug op ons eigen bootje en varen verder. 'Kijk Lau, een Babyrent! Zitten wij een beetje moeilijk te doen, je kunt ze dus ook gewoon huren...'

Even verderop zie ik een patiënt van me, hij groet me en steekt van wal:

'Dokter, u heeft vast ook kinderen, nou, dan weet je het wel, hè?'

Wat moet ik zeggen, zonder direct van onderwerp te veranderen, de sfeer te bederven of het gesprek te beëindigen?

'Nee, ik heb geen kinderen.'

'Dat is er helaas niet van gekomen.'

'Ach, soms loopt het leven anders dan je hoopt.'

Of moet ik het anders doen?

‘Ja, ik heb twee zonen, maar die zijn dood.’

Ooit kreeg ik van een ‘sister-in-crime’ de tip om de doodnormale vraag 'Heb je kinderen?’ te beantwoorden met ‘Helaas niet’. Waarmee veel is gezegd en volgens haar ruimte zou ontstaan voor verdieping, berusting, verandering van onderwerp of gewoon voor het botweg afbreken van het gesprek. Het leek een goede tip, maar het is me tot nog toe niet gelukt ‘m in praktijk te brengen.

We dobberen verder, ahh, een boot vol collega’s uit het land. Een of ander symposium, even kijken. Ik spreek een aantal mensen die ik ken uit de periode in Arnhem, ze doen me altijd weer terugdenken aan die nare tijd. En dat geldt ook altijd voor hen, zo lijkt het.

‘Goh, hoe is het met jou en met jullie? Nog niet zwanger? Gaat het niet meer lukken? Och jee, sorry.’ Het doet pijn, ik voel mijn ogen branden. Een collega die hoogzwanger is loopt direct langs mijn plekkie. Ik moet opstaan en voel haar buik tegen die van mij. Ik ga zitten en zie nog zeker drie vrouwen van dertig-plus passeren, die babbelen over speentjes, kinderkleertjes en dagopvang, terwijl ze trots hun dikke buik in de strijd gooien. Werk is er wel voor hen, maar dat lijkt zo onbelangrijk.

We leggen ons bootje aan, fietsen zwijgend terug naar huis en nestelen ons op de bank met een dvd. Geen mens die ons begrijpt. Vandaag scheen de zon zonder te stralen.

Uit het niets barst ik in huilen uit. Lang en hevig. We duiken in bed, kruipen tegen elkaar aan en uit het niets bedrijven we de liefde. Geen seks, geen lust, maar liefde. En die is ooit bedoeld om voort te planten. Lange tijd was het beladen omdat we middenin dat voortplantingsproces zaten. Dat voelde leeg, vrijen om niets, maar het went. Hoewel de liefde bedrijven gelukkig nooit went.

‘s Avonds zit ik voor de tv. Dat voelde lang als tijdelijk. Al bijna vijf jaar is alles wat ik doe tijdelijk. Sport, hobby, uitgaan, bioscoopje pakken, commissievergaderingen, extra werkzaamheden. Doe het nu maar, want zodra je straks kinderen hebt, ga je het meemaken! Maar straks bestaat niet meer. Alles is permanent: voor de rest van ons leven. Jij en ik, en verder niemand om rekening mee te houden. Geen doldwaze dagen vol poepluiers, werkagenda’s, ouderavonden, kleuterleidstergesprekken, hockeytrainingen, voetbalcompetities en muzieklessen.

En daar heb ik op dit moment ook wel even genoeg aan, kan ik je vertellen. Ik moet het verlies accepteren. Ooit.

Ik word wakker. Een stralende ochtend en een opgeruimd humeur. Zo zou elke ochtend moeten zijn.

LAURA

Sinds ik voor mezelf werk, ben ik veel thuis aan het werk. Voor sommige mensen heerlijk, voor mij ook confronterend. Soms vliegt de stilte me bij de keel. De leegte die maar in ons huis blijft hangen.

Dan wil ik nog wel eens op de fiets springen. Lonneke woont drie straten verder. Als ik mijn fiets op slot zet en de keuken inkijk, staren vier paar bruine ogen mij verwachtingsvol aan. Acht armen gaan de lucht in...

'LAURA', roepen zij in koor!

Aan de keukentafel eet ik een boterham mee. Ik zie hoe de kinderen opgaan in hun spel, luister naar hun verhalen, ben getuige van hun ruzietjes, drink nog een kop thee en een goed glas wijn. Even maak ik deel uit van een druk gezinsleven en daar kan ik enorm van genieten!

Zomer 2010

We zijn met een grote groep vrienden op vakantie. Veel drukte, lol, bier en eten en vooral veel kinderen. Laura heeft ernaar uitgekeken. Zij heeft allang haar plek in het kinderdomein gecreëerd. Hordes kinderen hebben de afgelopen jaren bij ons gespeeld en gelogeerd. Neefjes, nichtjes, buurmeisjes en -jongens, kinderen van vrienden. Zeker, ik kon volop genieten van de logeerpartijtjes; gek doen, lachen geblazen met die maffe oom Casper. Samen voetballen in de tuin, pannenkoeken bakken, pizza's in elkaar flansen...

Toch, de kinderen hadden de deur nog niet achter zich dicht getrokken of ik werd overvallen door een gevoel van totale leegte. Zo goed kon ik de boel kennelijk nog niet uit elkaar houden.

Vandaar dat ik nogal opzag tegen een vakantie met vrienden en al hun fijne kinderen. Volledig onterecht, zo blijkt. Ik speel, dol, geef af en toe opvoedkundig bedoeld commentaar en voel me vooral vrij. Een goede vriendin pakt me aan het eind van de week beet: 'Cas, ik heb van je genoten. Zoals je met de kinderen omgaat, het lijkt of het je geen moeite meer kost. Dit is jouw plek, hier kun je wat betekenen voor ze.'

Donderdag 25 augustus 2011

Vandaag is de verjaardag van Lennard, hij zou zeven jaar zijn geworden. Deze dag staat in het teken van het uitstrooien van de as; de tijd is er rijp voor. Hier hebben we een aantal jaren omheen gedraaid, maar na onze verhuizing naar Zwitserland hebben de urnen eigenlijk nooit een mooie plaats gekregen. Dat voelt oneerbiedig. We hebben na veel wikken en wegen een geschikte plek uitgekozen in de buurt van het vakantiehuis van Laura's ouders in Wallis.

De dagen ervoor neemt de spanning toe. Met het uur voel ik mijn schouders zakken. Maar we zetten door en pakken zorgvuldig de asurnen in de rugzak. Ze wegen niets, die urnen. Geen idee wat er nog meer in die zak zit, maar dat ding drukt zwaarder dan ooit.

Eenmaal buiten voelt het al meteen een stuk lichter. De weg loopt steil omhoog door een donker bos. Onderweg zeggen we geen woord tegen elkaar. Als we weer afdalen naar de brug over de rivier, worden we gepasseerd door een vrouw met een meisje van een jaar of zeven. Met twee vlechten in het blonde haar huppelt ze ons glimlachend voorbij. We kijken even achterom en glimlachen. Het meisje huppelt vrolijk verder.

Een gammele brug boven een kolkende rivier, links en rechts steile beboste wanden. De Alpentoppen op de achtergrond maken het beeld compleet. Als ik beter kijk, ontdek ik stroomopwaarts van de brug twee grote stukken waar de rotswand ooit met volle kracht van naar beneden is gedonderd. Stroomafwaarts alle mogelijke kleuren groen, zover het oog reikt. De wereld staat in volle bloei. Daar moeten we zijn, met de stroom mee, naar het groen. We strooien allebei een urn uit, Lau die van Lennard, ik die van Simon. We doen nogmaals afstand van ze. En van onze kinderwens, zo lijkt het.

Daag, lief meisje met je blonde vlechtjes.

De laatste restjes as dwarrelen glinsterend in het zonlicht naar beneden en landen in het stromende water. We zakken huilend op de grond, onze tranen stromen met de jongens mee, in de diepte van het Rhônedal. Langzaam voelen we ons ontspannen. De zon, het ruisen van het water en de warmte doen de rest. We staan op en lopen terug naar huis. Af en toe pakt een van ons de hand van de ander vast. We kijken nog één keer achterom en beginnen aan de klim naar boven. Die rugzak voel ik niet meer.

2 augustus 2013

'Jullie hebben wel pech zeg met Vita; ze is een probleemgevalletje', zegt de dierenarts.

'Dat hebben we vaker gehoord', mompel ik tegen Laura die vecht tegen haar tranen.

Kijk haar eens liggen in al haar kwetsbaarheid. Volledig afhankelijk van ons. Eten, slapen, poepen en plassen, zindelijk; alleen als wij het toelaten en alleen als wij het goed doen. En we doen ons best. Een klein, lief wollig beestje zet ons leventje een aantal weken volledig op zijn kop. Omdat ze er toch zomaar ineens is, ondanks het wachten en alle voorpret en voorstudie. Ook in dit geval ging het niet helemaal volgens plan trouwens. Zul je altijd zien: tekenen we in op een nest jonge hondjes, leggen ze stuk voor stuk het loodje. Dat geloof je toch niet?

Ze wordt geboren op mijn verjaardag, 16 mei 2013, een dag na mijn promotie. Een dag waarop we samen stralen als nooit tevoren. Tweehonderd mensen wonen mijn verdediging bij, de zalen zijn te klein. Zouden we ergens onderweg iets goed gedaan hebben?

Eenmaal met de hond in huis gaat het niet volgens de zo zorgvuldig bestudeerde boekjes. Allicht niet, dit is de natuur en die houdt zich niet aan de boekjes. Daar hadden we al een vaag vermoeden van. En om nou te zeggen dat het vanzelf gaat met dit fantastische wezentje met die zachte weelderige vacht waar je zo lekker je handen doorheen kan halen? De eerste weken vliegt de diarree ons om de oren en zitten we vaker bij de dierenarts dan ons lief is. Wat je noemt een probleemgevalletje. Het komt vast wel weer goed met haar.

Met Vita aan de lijn zwieren we een tijdje later door de bossen van Zeist. Een lekker zonnetje zorgt voor een heerlijk warme zomerdag. We nestelen ons thuis op ons terras en openen een goddelijke witte wijn. Deze middag kan niet meer stuk. We praten over van alles en nog wat, ik geniet van het moment en zou graag de tijd stil zetten. Dan overvalt het me. Plotseling komt het me totaal absurd voor om hier zo volkomen ontspannen met mijn lieve vrouw wijn te zitten drinken op een zonovergoten terras.

'Lau, het is voor het eerst sinds lang dat we niet hoeven te herstellen.'

We nemen een toost op het leven, op elkaar en op het eigen bedrijf van Laura. Dan gaat de voordeurbel. Met een glas in de hand doe ik open. Drie paar vlechten en vragende meisjesogen: 'Mogen wij Vita uitlaten?'

'Tuurlijk', slik ik.

EPILOOG

LAURA

Mijn slechtste momenten kon ik nog niet met anderen delen. Daarom moest dit boek er komen, zodat ik het niet hoef te vertellen, maar het kan laten lezen. Ons verhaal, uit liefde.

Ooit was het idee om ons verhaal samen op papier te zetten. Cas vanuit zijn perspectief, ik vanuit het mijne. We hadden ons eigen dagboek bijgehouden; dat was een mooie basis. Cas dook meteen enthousiast achter zijn laptop en voor ik het in de gaten had, kwam hij met een eerste versie. 'Hé Lau, wanneer ga jij nou schrijven?'

Ik beloofde plechtig dat ik zou beginnen. Maar het duurde en het duurde. Het lukte me niet mijn dagboek uit te werken. Eerst had ik een sabbatical nodig. Een paar maanden vrij: dan zou ik ongetwijfeld de rust en tijd vinden om te schrijven. Mijn sabbatical kwam in 2008, de uitwerking van het dagboek bleef uit.

Op een gegeven moment heb ik de keuze gemaakt om mijn dagboek niet uit te werken. Het zou Cas' boek worden. Ik had nu eenmaal een andere manier van verwerken, vond ik. En het schrijven van een boek sloot daar niet bij aan. Die beslissing voelde als een bevrijding.

Vervolgens kreeg ik een veto over het boek. Ik moest het alleen wel even doorlezen. Dat was gemakkelijker gezegd dan gedaan. Bewust en onbewust: ik zag er geweldig tegenop om alles terug te lezen. Cas werd ongeduldig. Het boek groeide uit tot een bron van spanning.

Pas na drie jaar begon ik met lezen. In 2011 het eerste deel over Lennard, een jaar later het gedeelte over Simon. Als ik eenmaal las, kon ik de rest van de dag verder afschrijven: alles kwam weer boven. Het ging, maar het ging heel moeizaam.

De volgende stap: het manuscript ging naar Diederik en Gerard, om te redigeren en uit te geven. Ze waren diep onder de indruk. Tegelijkertijd waren ze benieuwd naar mijn kant van het verhaal. Hoe had ik het eigenlijk beleefd? Mijn ervaringen zouden een mooie en waardevolle aanvulling op Cas' verhaal betekenen, was hun verwachting. Zou ik niet ook wat stukken kunnen schrijven?

Zo kwamen mijn dagboeken weer tevoorschijn, voor het eerst in tien jaar. En weer liet ik ze onaangeroerd. Dit keer lagen ze weliswaar in het zicht, maar ik liep er met een grote boog omheen. Uiteindelijk heeft Cas vol liefde en energie mijn dagboeken uitgewerkt. Of ik het even wilde doorlezen?

Zo is dit boek er toch gekomen. Eerst met zijn tweeën, daarna Casper in zijn eentje en vervolgens toch weer samen. Blijkbaar was dit onze weg.

Casper en ik kozen voor een leven met elkaar. Het boek is er. Uit liefde!

Ik had je gedacht
mijn kind
Zo mooi
Zo lief
Zo prachtig
Zo van ons zou je zijn

Sil van Oort